세 계 를 　 읽 다

독일

리처드 로드 지음
박선주 옮김

가지
KINDS BOOK

일러두기

1. 원서의 최신 버전은 2016년에 출간된 개정 7판이다.
2. 독일의 역사, 문화, 사회에 대해 정보가 더 필요하다고 생각되는 부분은 역주를 통해 보강했다.
3. 이 책에 실린 독일어의 한글 표기는 위키백과에서 제시한 외래어 표기법을 따랐다.

가기 전에 먼저 읽는 인문여행 시리즈

《세계를 읽다》에 대하여

한국에 본격적인 세계여행 안내서가 만들어진 것은 1980년대 후반, 해외여행 자유화 조치 바람을 타고 일본 책을 번역 출간한 《세계를 간다》(당시 중앙일보사 펴냄) 시리즈가 원조 격이었다. 그 후로 30년 가까이 된 지금, 매우 다양한 세계여행 안내서가 출간되고 있지만 더 세련되고 세분화된 정보서로 거듭났을 뿐 유명 여행지 중심의 관광 정보가 주를 이룬다는 점에서 큰 차별은 없다.

그에 반해 이 시리즈 《세계를 읽다》는 장소보다는 사람 그리고 그들의 삶에 초점을 맞춘 본격적인 세계문화 안내서로서, 이방인의 눈에 낯설게 느껴질 수밖에 없는 현지인의 생활문화, 관습과 예법들을 역사적 배경지식과 함께 쉽고 친절하게 알려 준다. 전 세계에 400만 카피 이상이 팔려 나가며 명성과 권위를 누려온 《컬처쇼크 CultureShock》 시리즈를 번역한 책이라는 점에서 콘텐츠에 대한 신뢰성도 높다.

컬처쇼크, 즉 '문화충격'이란 익숙한 장소를 떠나 낯선 환경에 던져진 사람이라면 누구나 겪을 수 있는 혼란스러운 상태를 말한다. 이 시리즈는 해외에 거주하거나 일정 기간 머무는 사람들이 새로운 환경에서 겪는 문화충격을 완화하는 데 도움을 주어왔다. 실제로 그 나라에서 살아보며 문화적으로 적응하는 기쁨과 위험을 몸소 체험한 저자들이 그런 혼란스러운 감정에 좀 더 효과적으로 대처하기 위해 필요한 모든 정보를 알려 준다. 글은 읽기 쉬운 문체로 씌어졌으며, 독자들을 충분한 조언과 암시, 정보로 무장시켜 낯선 곳에서 최대한 정상적이고 즐거운 생활을 영위할 수 있도록 돕는다. 책 안에는 현지 문화와 전통에 관한 통찰력 있는 해설, 적응에 필요한 모든 조언들, 현지인들과 소통할 수 있는 언어 정보, 여행 경험을 더욱 깊숙하게 연마해줄 방법 등이 포함되어 있다.

목차

다른 문화권에서 독일로 살러 오는 사람들에게 독일을 어떻게 설명하면 좋을까?

처음에 이 책을 쓰려고 했을 때는 왠지 모르겠지만 전체 내용이 막힘없이 흘러나올 것 같았다. 독일에서 외국인으로 살아가면서 거의 날마다 맞닥뜨리는 장점과 단점, 장애물과 혜택, 그리고 외국인 친구나 동료들과 모일 때마다 나누는 대화 주제들에 대해서 그냥 쓰면 될 테니 말이다. 그러나 독일에 이제 막 오려는 외국인들이 볼 책에 내가 아는 모든 것을 쏟아놓기란 상상했던 것보다 훨씬 버거웠다.

나는 독일에 사는 외국인 시민들과 대화를 나누면서, 과거에 한 통치자가 코끼리에 대해 알아오라고 보냈다는 세 명의 눈 먼 남자 이야기가 자꾸만 떠올랐다. 당신도 그 이야기를 알 것이다. 첫 번째 남자가 돌아와서 코끼리는 길쭉한 동물이라고 설명했다. 두 번째 남자는 코끼리가 커다랗고 판판하며 털이 없는 생물이라고, 마지막 남자는 쫙 펼쳐진 입으로 이상한 소리를 내는 길고 두꺼운 원통형 동물이라고 묘사했다.

이 이야기가 주는 교훈은 분명하다. 세 남자는 모두 자신의 경험을 정직하게 묘사했다. 다만 첫 번째 남자는 코끼리의 꼬리만, 두 번째 남자는 넓은 몸통만, 세 번째 남자는 코만 만져본 것이다. 독일처럼 크고 복잡한 나라에 관해 글을 쓰는 작업은 이와 비슷하다. 누구도, 심지어 평생 여기서 산 사람이라 해도 독일의 전부를 완전히 경험하고 묘사할 수는 없다(독일 토박이라고 해도 갓 입국한 외국인조차 단박에 알아챌 수 있는 몇몇 특성들은 놓치고 말 것이다).

우리는 누구나, 못 보는 부분이 조금씩 있다. 이 책 역시 그런 부분이 있을 것이다. 그렇지만 이 책에 다른 책들과는 구별되는 장점 또한 있으리라고 감히 말하고 싶다. 가령 나는 지인들과 토론하면서 그들이 관심을 두는 세세한 부분들까지, 어떤 면에서는 모순되는 상황들까지 대략적이나마 포함시키려고 애를 썼다.

독일 사회가 많은 면에서 매우 모순적인 것은 사실이다. 엄청난 부와 동시에 빈곤을, 질서에 대한 집착과 동시에 조심스런 혼돈을, 환경에 대한 관심과 동시에 규제에 대한 무시를 품고 있다. 독일에 관한 진부한 표현들 중 많은 것이 지금도 유효하다. 그러나 예전에는 맞았지만 더 이상 맞지 않는 것도 많다. 어떤 고정관념이나 표현들은 오늘날 유효하지 않을 뿐 아니라 해롭기까지 하다.

이 책을 끝까지 다 읽은 뒤라도 독일이라는 코끼리의 각 부분을 전부 다 알지는 못할 테지만, 적어도 그게 어떤 종류이고 어떻게 대처해야 하는지 개념은 잡힐 것이다.

프랑크푸르트 구시가 중심에 있는 뢰머 광장. 사실상 프랑크푸르트 여행이 시작되는 곳이다.

독일 *Germany*

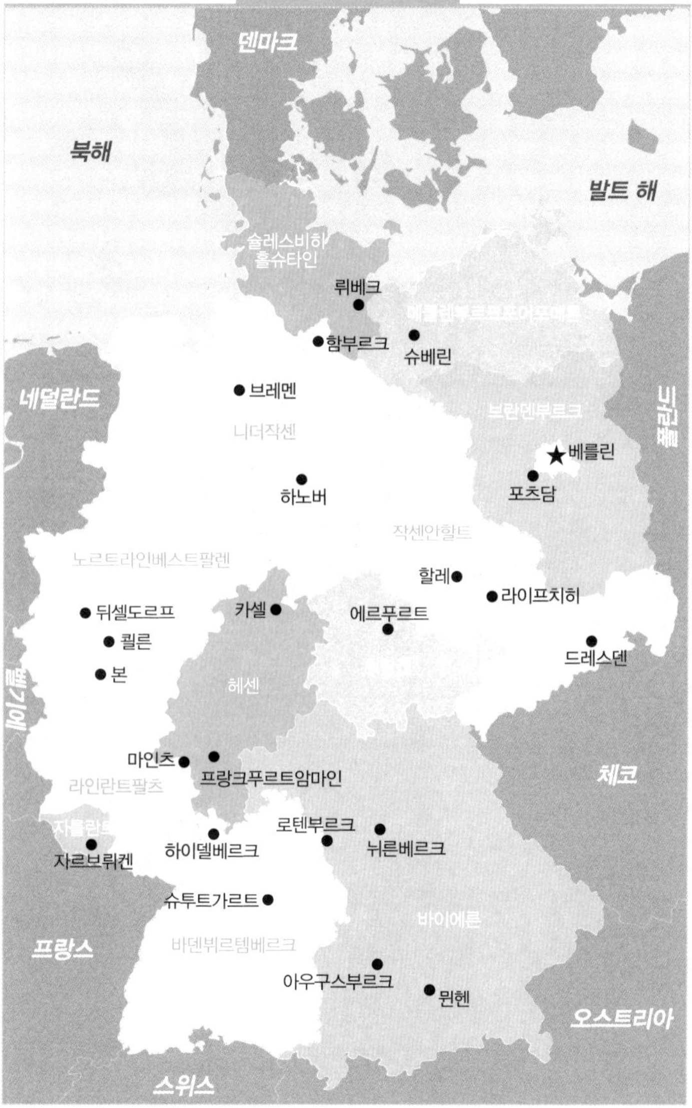
덴마크
북해
발트 해
슐레스비히
홀슈타인
뤼베크
메클렌부르크포어포메른
함부르크
슈베린
브레멘
네덜란드
브란덴부르크
폴란드
니더작센
베를린
포츠담
하노버
작센안할트
노르트라인베스트팔렌
할레
라이프치히
뒤셀도르프
카셀
에르푸르트
쾰른
드레스덴
본
벨기에
헤센
마인츠
프랑크푸르트암마인
체코
라인란트팔츠
자를란트
로텐부르크
뉘른베르크
자르브뤼켄
하이델베르크
슈투트가르트
바이에른
프랑스
바덴뷔르템베르크
아우구스부르크
뮌헨
오스트리아
스위스

1
첫인상

이곳 사람들이 어떠냐고 물어온다면,
나는 "여느 곳의 사람들과 같다"고 대답할 수밖에 없다.

– 괴테, 《젊은 베르테르의 슬픔》 중

독일에 오는 사람들 대부분이 독일이라는 나라와 독일인에 대한 선입견을 갖고 온다. 그것은 아마 관습처럼 형성되었을 것이다. 하지만 독일에 관해 제대로 된 정보 없이 오게 된다면 당신은 크게 놀랄 것이 분명하다.

사람들은 대개 비행기를 타고 와서 독일의 주 공항인 프랑크푸르트 공항에 내린다. 넓고 사람들로 북적대는 독일 공항은 활기가 넘치고 현대적인 상점과 매대들로 번쩍거리며 상당히 깔끔하다. 맞다. 바로 이런 모습을 당신은 상상했을 터이다.

공항 또는 기차역에서 나와 택시 정류장으로 향하면 거의 모든 택시가 메르세데스 벤츠라는 사실에 놀란다. 독일이 잘사는 나라인 것을 당신도 알았겠지만 이 정도란 말인가? 독일

프랑크푸르트의 스카이라인. 현대적인 독일의 모습이다.

정부가 이 호화로운 택시를 구입할 수 있도록 세금을 대폭 깎아준다는 사실과, 메르세데스 벤츠가 그만큼 자랑스러운 독일 제품이라는 사실을 곧 깨닫게 될 것이다. 이밖에도 놀랄 일이 더 남아있다.

> 모든 사람은 세계의 경계를 저만의 시야로 본다는 한계를 갖고 있다.
> – 쇼펜하우어

독일인 찾기

차를 타고서건 걸어서건 시내로 들어서면 당신은 독일인을 찾기 시작할 것이다. 어려서부터 그림책에서 늘상 보아왔던 그 '독일인'을 말이다. 당신은 아마도 로빈 후드와 그의 명랑한 친구들이 즐겨 입던 짧고 귀여운 가죽바지와 목과 손목에 주름 장식을 넣은 셔츠를 입고 괴상한 모자를 쓴 남자들과, 폭 넓은 던들 스커트와 주름 장식 셔츠 차림에 끝이 뾰족한 신발을 신어 꼭 하이디처럼 보이는 여자들을 상상할지 모른다. 물론 한 손에는 큼지막한 맥주잔을 하나씩 들고 있어야 하고 말이다. 그러나 독일에서 수십 년을 산다 해도 그런 사람을 실물로 볼 일은 결코 없다. 특정한 페스티벌이 열리는 지역을 제시기에 방문한다면 몰라도. 독일인들은 그렇게 '독일인'처럼 옷을 입지 않는다.

반드시 독일인처럼 말하지도 않는다. 사실 대부분의 독일인이 영어를 할 때 강한 억양이 드러나기는 하지만, 당신이 듣게 될 독일식 악센트는 옛날 드라마 〈호간의 영웅들Hogan's Heroes〉[1]에서 들었던 악센트와는 다를 것이다. 실제로 영국인을 제외한 많은 사람이 독일인의 영어 악센트를 어색한 영국식 악센트로 착각한다. 내가 아는 런던에 사는 한 독일인 배우는, 억양이 독일인 같지 않다는 이유로 영국 텔레비전 영화에서 독일 군인 배역을 얻지 못했다. 맞다. 대부분의 독일인은 말할 때 그런 강한 악센트를 넣지 않는다.

그래도 여전히 전형적인 독일인을 찾는다면, 실제 독일에서 보는 많은 사람이 터키인이나 크로아티아인, 이탈리아인, 아랍인, 아시아인, 아프리카인, 그리스인처럼 생겨서 혼란스러울지 모르겠다. 사실 독일에는 다른 나라 출신들이 꽤 많다. 오래지 않아 당신은 독일 대도시의 거리나 상점에서 거의 토박이 독일인만큼이나 많은 외국인을 마주치게 될 것이다. 실제로 프랑크푸르트 거주민의 30퍼센트 이상은 독일인이 아니다.

여기가 어디지?

그렇다면 대체 독일인이란 누구를 말하고, 독일이란 나라는 어떤 나라인가? 당신은 독일이 굉장히 깨끗하고 독일인은 공중위생에 관한 한 거의 강박적이라는 말을 들어왔을 것이다. 그런데 당신이 다른 나라에 잘못 왔다는 말일까? 땅바닥에 버려진 휴지들과 쓰레기통 주변에 높이 쌓인 쓰레기 더미를 보라. 그리고 곳곳에 담배꽁초들이 길가나 갓돌에 붙어 자라는 들꽃들처럼 수없이 널려 있다. 이것이 진정 청결과 질서에 목을 매는 나라의 실상이란 말인가?

시내 중심가로 갈수록 독일다운 느낌이 사라진다. 아마도 독일에 대한 당신의 첫인상은 천편일률적으로 변해가는 세계 여느 곳의 모습에 지친 미국 여행객의 넋두리와 같을지 모른다. "요즘은 세계 어디나 고만고만해진 것이 사실이야. 하지만 독일은 그 어느 나라보다도 심하잖아?" 하고 말이다.

뮌헨 마리엔 광장 앞을 걷는 사람들. 독일 대도시의 거리에서는 생각보다 많은 외국인을 볼 수 있다.

하지만 꼭 그렇지만도 않다. 얼마 지나지 않아 당신은 독일이 주는 두 번째 인상에 압도될 것이다. 독일의 일상적인 모습은 이렇다. 가판대 앞에서 이쑤시개나 맨손으로 빵도 없이 소시지만 먹고 있는 많은 사람들, 그리고 주요 도로를 따라 내려가다 보면 만날 수 있는 게르만 민족 특유의 진지하고 심각한 얼굴로 분주히 걷고 있는 사람들. 사실 이런 풍경이 당신이 듣거나 읽어온 것보다 훨씬 더 독일다운 모습이다.

당신이 독일의 전형적인 모습이라고 생각했던 많은 것들은 시내 뒤편이나 작은 마을, 도심 외곽에 숨겨져 있다. 깔끔하고 잘 정돈된 반半 목재 건물들, 그 건물들을 에워싸며 구불구불 이어진 길들이 조용한 마을들을 잇는다. 이 길에는 쓰레기도 없다. 독일의 거리는 이렇겠지, 하고 당신이 상상해 왔던 그대로다.

만일 2차 세계대전 때 폭격을 피한 구시가 구역에서라면, 당신이 동화책에서 보았음직한 몇 세기 전이 연상되는 건물과 거리, 간혹 거대한 생강 쿠키로 만든 성처럼 보이는 건축물을 볼 수도 있을 것이다. 어느 도시, 어느 지역에서나 흔히 볼 수 있는 건축물들과는 대조적으로 몇 세기를 거치는 동안에도 극히 미미한 변화만 겪은 듯 보이는 고전적인 마을을 발견할지 모른다.

그렇다면 당신의 첫인상은 틀렸고 두 번째 인상이 정확한 것일까? 아니다. 두 가지 모두 독일의 얼굴이다. 서문에서 지적한 말을 기억해 보라. 독일에 첫발을 내딛은 당신은 아직 거대한 코끼리의 작은 일부분만 손으로 더듬어봤을 뿐, 그보다 훨씬 크고 매력적인 모습이 코끼리의 다른 부분들처럼 많이 남아있다. 이제부터 독일이라는 나라를 좀 더 깊이 알아보자.

왜 독일에 오는가

나는 수년 간 독일에 거주하는 외국인들과 얘기를 나누면서 독일에 왜 왔는지를 물었고 수많은 대답을 들었다. 대답은 다양했지만 몇 가지 종류로 좁혀진다. 주로 배우자 또는 여자 친구나 남자 친구, 직장이나 새로운 사업 기회, 아니면 그런 것을 얻고자 하는 기대와 연관되어 있었다. 말하자면 독일이라는 나라 자체의 매력에 끌려서 왔다고, 이전부터 독일에 대한 관심을 갖고 이곳에서 살고 싶었던 차에 마침 기회가 와서 잡았다고 대답하는 사람은 거의 없었다. 장기 체류이든지 단기 체류이든지, 많은 외국인에게 독일은 단지 자신들이 원하는 일을 잘할 수 있는 장소에 불과했다.

많은 장기 체류 이민자들 역시 처음에는 더 서유럽 쪽으로 가려고 했으나 어찌어찌 독일에 이르게 되었다고 했다. 가장 흥미로운 경우는 지난 60여 년간 독일로 망명한 동유럽 출신 유대인들이다. 이들 중에는 나치의 강제수용소에 끌려가기 직전에 가까스로 탈출했거나 죽음의 수용소(Auschwitz, 아우슈비츠)에서 간신히 살아남은 이들도 있다. 그럼에도 불구하고 그로부터 25~30년 후 관대한 정치적 망명 허용법을 채택한 독일인과 독일 정부에 대한 신뢰를 회복해 이곳에서 살고 있는 것이다.

불평의 중심지

독일에서 지내는 첫 달에 당신이 알게 되거나 인정하게 될 또 하나의 특이점은 독일을 좋아하는 외국인이 극히 드물다는 사실이다. 독일에 거주하는 외국인 공동체의 일반적인 대화 주제는 독일의 이런 면, 독일인의 저런 특성, 또는 그들로부터 받은 이런저런 대우에 대한 불평불만이다. 다른 나라로 가길 원한다고 계속해서 떠드는 사람들이 정말로 많다. 그러나 그들은 또 왜 그런지 모르겠지만 계속해서 독일에서 살아간다. 심지어 여건이 되면 독일을 떠나겠다고 최소 10년 이상 말하고 다닌 친구를 나는 여러 명 알고 있는데, 그들은 자유롭게 어디든 떠날 수 있었음에도 지금까지 독일에서 20년 이상 잘 살고 있다.

이렇게 불평하는 이들보다 더욱 일반적인 경우는, 처음에는 직장이나 어떤 일로 단기간 머물 계획으로 오게 되었다고 말한 이들이다. 이들은 그러다가 배우자나 새로운 친구를 만나 이런저런 활동에 참여하면서 독일이라는 나라에 뒤늦게 흥미를 갖게 되었다. 이처럼 독일은 처음부터는 아니어도 사람을 강력하게 끌어당기는 어떤 힘이 있다. 사람들의 마음에 안정감과 평화를 주는 나라다. '독일에 대한 비난'은 그저 이곳에 사는 외국인들이 즐기는 가벼운 취미에 불과하며, 당신도 얼마 지나지 않아 그 취미에 푹 빠져들 것이다. 그럼에도 독일은 수백만 외국인에게 꽤 오랫동안 편안한 집을 제공하고 있고, 그것도 분명 '제대로' 하고 있다.

내가 아는 사람 중에 독일에 온 뒤로 이 나라와 국민을 진심으로 좋아하게 된 이는 많지 않다. 하지만 그들 대부분은 이곳에서의 생활에 충족감을 느낀다. 단기든 장기든 독일에 거주하는 외국인이 이곳을 살기 좋은 나라로 손꼽는 이유는 무엇일까? 그들의 평가를 간단히 소개하면 이렇다. "독일은 깨끗하고 정돈된 나라예요. 모든 게 제대로 돌아가요. 대체로 사람들을 믿을 수 있어요. 꽤 안전해요. 늦은 밤 대중교통을 이용할 때에도 무섭지 않아요. 열차가 늘 제 시간에 도착해요. 음, 거의 모든 게 제 시간에 맞춰 돌아가요. 고향에서보다 여기서 훨씬 더 많은 돈을 벌 수 있어요. 직장에서 대우를 잘 받고, 내가 하는 일에 대해 존경을 받고 있어요." 이곳에서 극히 짧은 시간만 지내보아도 이런 긍정적 의견 중 적어도 하나 이상에 고개를 끄덕이게 될 것이고, 아마도 여기에다 칭찬 몇 가지를 덧붙일지도 모른다.

이제 처음 가졌던 인상을 보충하기 위해서라도 독일 생활에서 중요한 측면, 곧 이 나라의 역사에 대해 더 알아보자. 사실 한 나라의 역사는 사람들의 삶에서 직접적으로 드러나기가 쉽지 않다. 하지만 독일의 비극적 역사는 이 나라에 막 도착한 사람들을 포함해 21세기를 사는 우리 모두에게 어떤 점에서든 영향을 미친다.

2

독일이라는 나라

독일 역사는 극단의 역사로,
중용을 제외한 모든 것을 포함한다.
– AJP 테일러, 영국의 역사학자

지리와 자연환경

지금까지는 독일과 독일인에 대해 하나의 거대한 동종 집단처럼 이야기했다. 그러나 사실 독일은 국가 정체성만큼이나 지역색이 뚜렷하고 그 각각에 따라 정의되는 나라이다. 지역 특성이야말로 독일인의 뿌리 깊은 자존심의 원천이기도 하다.

독일 국토의 면적은 약 35만 7000평방킬로미터로, 오늘날 유럽연합 국가 중에서 프랑스와 스페인에 이어 세 번째로 넓다(한반도 면적의 약 1.6배. =역주). 남북 간 길이는 876킬로미터, 동서 간 길이는 640킬로미터이다. 이 영토 안에 지리적, 건축적으로 매우 다채로운 모습을 품고 있으며, 어느 지역에서든 다른 지역으로 하루 안에 여행이 가능하다.

독일 남부에 펼쳐진 알프스 산맥. 독일 최고봉 추크슈피체가 보인다.

© TasfotoNL

북부 해안 지대에는 해수욕을 즐기기 좋은 휴양 명소들이 몰려 있다.

발트 해와 북해 연안의 낮은 해안 평야에서부터 남쪽의 우뚝 솟은 알프스 산맥까지, 중부와 남부 지방의 울창한 숲으로 뒤덮인 산악지대에서부터 뤼네부르크 하이디Lüneburg Heide의 윤기 흐르는 초원까지, 그리고 그늘진 아름다운 라인 강 계곡에서부터 안개 자욱한 장관을 이루는 보덴 호(콘스탄츠 호)와 작은 섬들과 그 인근 지역까지, 독일은 상당히 다채롭고 변화무쌍한 지형과 정취를 품고 있다. 여기에다 독일 남서부 바덴뷔르템베르크Baden-Württemberg 주의 전설적인 아름다움을 내뿜는 검은 숲 슈바르츠발트Schwarzwald(영어로 'Black Forest'라는 뜻)와 근처 튀링겐 주의 튀링거발트Thuringerwald도 결코 잊을 수 없는 인상을 남긴다.

자연이 부른다

자연을 사랑하는 사람이라면 이토록 뚜렷하게 대비되는 자연경관들을 품고 있는 독일에서 결코 부족함을 느끼지 않을 것이다. 독일에서는 대도시 심장부에 거주하는 사람이라도 자가용이나 대중교통을 이용해 조금만 나가면 아름다운 전원을 마음껏 누릴 수 있다.

독일인은 주말이나 공휴일 자유시간을 이용해서 전원으로 자동차 여행을 떠나는 것을 무척 즐긴다. 불행히도 몇몇 명소는 이런 순수한 주말 여행객을 소화하기에도 이미 과포화 상태이고, 독일의 유명한 숲들 대부분이 방문객의 자동차에서 배출되는 오염물질로 질식당할 지경에 이르렀다. 연휴가 낀 황금 주말이라면 도로마다 빽빽이 들어찬 차들 때문에 아예 여행의 즐거움이 달아나버릴 것이다.

스포츠 애호가들은 겨울에나 여름에나 다양한 스포츠를 즐길 수 있다. 독일 남쪽에 넓게 펼쳐진 알프스 산맥은 스키를 비롯한 겨울 스포츠에 넉넉한 활동 공간을 제공하고, 북부 해변은 해수욕객과 일광욕을 즐기는 사람 모두에게 1년 중 많은 시간에 걸쳐 최적의 날씨와 오락, 휴식의 기회를 마련해 준다. 또한 1990년 동서독이 통일됨으로써 메클렌부르크포어포메른Mecklenburg-Vorpommern 주의 숨이 멎을 듯한 멋진 해변과 야생적인 경관까지 얻었다. 옛 동독에 속했던 이 지역은 낙후된 사회기반 시설을 재건해 오늘날 독일에서 아주 인기 있는 관광지로 떠올랐다.

메클렌부르크포어포메른의 화려한 풍광에 더해 독일 제3의 눈부신 섬이라 불리는 뤼겐Rügen 섬도 빼놓을 수 없다. 같은 북해 지역의 질트Sylt 섬, 헬골란트Helgoland 섬과 함께 1년 중 관광객이 가장 많이 찾는 휴양 명소가 되었다. 질트 섬의 인기가 단연 높은 반면, 헬골란트는 자연의 원형이 덜 훼손되어 투박한 아름다움을 간직한 섬으로 유명하다. 헬골란트가 북해의 다른 섬들에 비해 인기가 뒤지는 것은 아마도 바닷길을 통해서만 접근 가능하고 항해 여정이 험난하다는 악명 때문일 것이다. 이 아름다운 섬으로 휴가를 떠날 작정이라면 배에 오르기 전에 식사를 많이 하지 마라.

아름다운 고성古城들

독일은 뛰어난 자연미에 더해 다양하고 위대한 건축 유산을 자랑한다. 이 점은 '성城 애호가'들에게 특히 매력적이다. 독일이 하나의 국가로 통합되기 전까지 200여 개가 넘은 왕국과 공국, 대공국이 있었고, 각각의 영지를 다스리던 지도자들은 열성적으로 많은 성들을 지어댔다. 그 아름다운 건축물이 독일 어느 지역에나 풍부하게 남아있다. 두 번의 세계대전을 치르면서도 이 건축물들은 전략적 중요성이 크지 않았기 때문에 거의 또는 조금밖에 해를 입지 않고 살아남았다.

독일에서 자동차를 몰고 전원을 달리다 보면 최소한 한 채 이상의 고성을 만나게 된다. 독일인이나 외국인 모두 독일에서 가장 크고 위풍당당한 라인 강변을 따라 달리며 이 아름다운 고성들을 구경하는 것을 좋아한다. 옛 독일의 작은 군주들 역시 라인 강의 위풍당당함을 좋아했기에 아늑한 산비탈에서부터 강 전체를 조망할 수 있도록 많은 성을 지었을 것이다.

전쟁을 겪고 세월이 흐르며 훼손된 몇몇 성들은 안에는 들어가지 못하고 밖에서만 감상할 수 있다. 하지만 내부까지 잘 보존되어 그리 오래 되지 않은 과거에 독일 왕족들이 어떻게 살았는지를 짐작할 수 있는 성들도 많다. 그중 바이에른의 '미친 왕' 루트비히 2세가 축성했던 4개의 성, 린더호프Linderhof와 헤렌킴제Herrenchiemsee(특히 신궁전), 호엔슈반가우Hohenschwangau, 노이슈반슈타인Neuschwanstein이 가장 유명하다. 특히 노이슈반슈타인 성은 오늘날 디즈니랜드 마법의 성의 실제 모델로, 그보다 규모가 작은 호엔슈반가우 성에서 걸어갈 만한 거리에 있다.

여기서 반나절을 더 가면 로텐부르크오프데어타우버Rothenburg ob der Tauber(줄여서 '로텐부르크'라고 부르며, 이 또한 바이에른 주에 있다)에 도착한다. 로텐부르크는 유럽에서 중세 분위기가 가장 잘 보존된 곳이다. 도시 내 옛 마을에 남아있는 건축물이 대부분 13세기에서 16세기 사이에 지어졌고 1800년 이후에 지어진 벽은 거의 없을 정도다. 당연히 이곳은 유명한 관광 명소로, 자갈을 깐 길을 거니는 동양인이나 미국인을 본토 독일인보다 훨씬 자주 마주치게 된다.

또 하나의 아주 유명한 관광 명소는 영화 〈황태자의 첫사랑Student Prince〉으로 잘 알려진 대학의 도시 하이델베르크Heidelberg이다. 네카어 강 계곡의 아늑한 지대에 자리 잡은 하이델베르크는 중앙의 좁은 구시가, 즉 알트슈타트altstadt(영어로 'old city'라는 뜻) 지역에 옛 영광을 고스란히 보존하고 있다. 유명한 성은 많이 파괴되었지만 구시가지에 배어있는 독특한 정취 덕에 이 작은 마을은 여전히 독일에서 가장 매력적인 곳이라 할 수 있다. 실제로 프랑크푸르트나 카를스루에Karlsruhe, 하일브론Heilbronn, 슈투트가르트Stuttgart와 같이 꽤 먼 곳에 직장을 둔 많은 사람이 하이델베르크에서 살면서 아침저녁으로 긴 운전 시간도 마다하지 않는다.

기후

독일이 스칸디나비아 기후와 비슷하리라고 상상한 사람들

독일은 매혹적인 고성(古城)의 나라다.
사진은 디즈니랜드 마법의 성의 실제 모델이 된 노이슈반슈타인 성

은 실제로는 꽤 온화한 기후를 즐길 수 있다는 사실에 안도할 것이다. 사실 독일에서 혹독하게 춥거나 숨 막히게 더운 경우는 매우 드물다(그러나 지구온난화로 인해 지난 20년간 이례적으로 여름이 몹시 더웠고 그 결과 전과 달리 에어컨 판매원들의 얼굴에 웃음이 가시지 않았다).

날씨는 북부 해안 지역이 가장 춥다. 겨울 한파에 거센 바람이 가세하면 튼튼한 사람들도 따뜻한 쉼터를 찾아 남쪽으로 몰려가게 된다. 보통 남서 지방이 독일 내에서 가장 온화한 기후를 보인다. 언제나 관광객으로 가득한 보덴 호는 난초류를 비롯한 아열대 식물의 꽃들과 레몬, 오렌지, 야자나무가 보기 좋게 어울려 자란다. 중서부 지역들은 겨울에 별로 춥지 않고 여름 또한 별로 덥지 않으며, 성수기와 비수기 사이의 봄가을에는 인접한 나라들과 날씨가 비슷하다.

북반구에 위치한 독일은 대체로 북쪽으로 갈수록 겨울이 더 춥고 여름은 더 서늘한 편이지만 독일에서 가장 추운 지역은 최남단이다. 남으로 갈수록 고도가 점점 높아져서 슈바벤 Schwaben[2]과 알프스 산맥 지류에 분포한 바이에른 주가 가장 높기 때문이다. 당연히 이 지역들은 스키를 비롯한 겨울 스포츠의 중심지이다.

동부의 하르츠 산지는 계절별로 모든 기후대를 고루 형성한다. 몹시 차고 매서운 바람과 서늘한 여름, 늘 눈이 덮인 긴 겨울 덕분에 지친 일상에서 벗어나고 싶은 건강한 사람들이 즐겨 찾는 휴양지이다.

자원

독일은 천연자원이 거의 없는 나라라는 사실을 아는 사람이 많지 않다. 말 그대로 기름 한 방울, 철광석 하나 나오지 않는다. 천연가스가 나오기는 하지만 독일에서 사용하는 양의 4분의 1밖에 충당하지 못한다. 이 나라에서 풍부한 천연자원이라고는 석탄(갈탄과 역청)과 소금뿐이다.

천연자원이 부족한 독일은 수세기 동안 늘 경제 문제를 고심해 왔다. 주요 자원을 수입에 의존해야 했기 때문에 산업화 초창기부터 수입 의존도가 매우 높았다. 토양도 그리 좋지 못해서 농산품 또한 다양성이나 품질 면에서 제한적이다. 그 결과 독일에서 가장 중요한 자원은 늘 사람이었다.

인구

2014년 기준으로 인구 8260만 명을 넘긴 독일은 유럽에서 세 번째로 인구밀도가 높다(유럽에서 러시아 다음으로 인구가 많다). 공식적인 외국인 비율은 10퍼센트에 가까우며, 독일인들 사이에도 큰 차이점이 존재한다. 심지어 '순수 혈통'이라느니 온갖 허튼소리를 지껄이는 신나치주의자들조차 독일 민족(volk, 폴크) 내에 여러 종족이 존재한다고 인정하고 있다. 직업에 따른 이동 등으로 크게 희석되기는 했지만 여전히 지역별로 풍습과 특색이 눈에 띄게 차이 난다. 특히 지역별로 거주민 구성이 다르기 때문에 독일 내 어느 지역에서 사느냐에 따라 경험이 달라질 것이다.

다양성의 힘

독일은 상대적으로 늦게 하나의 국가로 통합되었기 때문에 각 지역이 저만의 고유한 특성을 폭넓게 키우면서 성장할 수 있었다. 근엄함을 중시하는 프로이센Preussen[3]이 18~19세기에 걸쳐 영향력을 확대해 갔지만 다른 지방이나 도시들도 이미 고유한 특색을 확립했고 그 색체를 프로이센의 지배 하에서도 계속 발전시켜 나갔다.

이렇게 하여 19세기 벽두부터 뷔르템베르크Württemberg 공국의 주도 슈투트가르트, 바이에른Bayern 공국의 뮌헨, 니더작센Niedersachsen의 하노버, 부유한 작센 왕국의 드레스덴과 라이프치히와 같은 도시들이 강력한 힘을 갖게 되었다. 이른바 신성로마 제국보다 수 세기 앞서 권력의 중심지로서 지위를 확보한 함부르크와 브레멘, 뤼베크, 프랑크푸르트, 쾰른 같은 도시들의 대열에 합류한 셈이다.

지역적 차이

새로 통합되고 산업화된 제2제국[4]에서 베를린이 약동하고 북적거리는 수도가 되었을 때에야 비로소 독일의 권력이 하나의 도시로 모아진다. 그렇지만 다른 지역에서는 문화적 저항이 일었고 오늘날까지 지속되고 있다. 실제로 독일 통일 후인 1991년, 수도를 작은 본에서 베를린으로 다시 이전하는 문제와 관련한 격렬한 토론 중에 양쪽 지지자 모두가 역사적 선례를 언급했다. 반 베를린 파는 독일 역사상 겪은 큰 재앙을 교훈 삼아 권력을 한 곳으로 집중시키는 일을 강력하게 반대했다(베를린은 여전히 권력이 집중된 곳이었다). 한편 독일 통일의 시

바이에른 전통의상을 입고 축제를 즐기는 사람들.

조라 할 수 있는 비스마르크는 “독일인은 통합이라는 합리성 아래 서로에 대한 건설적 혐오감을 지니고 있다”며 비꼰 적이 있다. 오늘날 독일인이 서로를 혐오한다고 하면 지나친 얘기겠지만 서로에 대해 건전한 회의적 태도를 유지하고 있는 것은 사실인 듯하다.

비교적 최근까지도 독일의 많은 지역에서 주민 이동이 잦지 않았기 때문에, 독일인은 여전히 자신이 사는 지방에 대한 충성심을 강하게 유지하고 있다. 많은 독일인이 자신이 속한 지방을 더 소중하게 생각하고 그 다음에야 조국을 인식한다. 일례로 프로이센 느낌이 나는 것은 무엇이든 의심하는 바이에른 사람들에 관한 수많은 농담에 어느 정도 진실이 실려 있다. 스위스와 독일 사이 국경 어딘가에는 ‘자유국가 바이에른(FREISTAATBAYERN)’이라고 크게 쓴 팻말 아래쪽에 ‘독일 연방공화국(Bundesrepublik Deutschland)’이라는 글자가 거의 눈에 띄지 않을 정도로 조그맣게 적혀 있다.

지역적 차이는 음식과 방언, 종교, 사고방식, 심지어 의복의 다양성으로도 표현된다. 텔레비전을 비롯한 대중매체가 발달하고 거주자 이동이 증가하면서 그 차이가 많이 희석되기는 했지만 여전히 존재한다. 특히 소도시나 작은 마을들에서는 강력하다. 프랑크푸르트가 고향인 장인어른과 함께 바이에른의 작은 마을에 관한 텔레비전 방송을 보던 기억이 난다. 내가 그 마을 사람들이 하는 말은 강한 사투리 때문에 4분의 1 정도밖에 이해하지 못하겠다고 하자, 장인어른 역시 절반밖에 이해하지 못한다고 고백하셨다.

지역별 음식

독일 음식은 지방에 따라 특색이 뚜렷하며, 이는 지리적 영향에 크게 기인했다. 가령 북부 해안 지방은 해산물이 주를 이루고, 프랑스와 국경을 맞댄 바덴뷔르템베르크 주는 프랑스 요리의 영향을 많이 받았다. 이밖에 다른 차이점도 있는데, 감자 요리가 주를 이루는 북부와 동부 지방에 비해 남서 지방에서는 면류를 훨씬 더 많이 먹고, 베스트팔렌Westfalen 지역을 통과해 갈수록 빵 빛깔이 짙어지며, 북부로 갈수록 음식에 기름기가 더 많다. 아쉽게도 지역적 다양성이 가장 극대화된 극동 지방은 2차 세계대전 이후 독일에서 잘려 나갔다. 그 지역 사람들이 독일 서쪽으로 이주해 살고 있지만 그들 음식에서 나타났던 뚜렷한 특징은 대부분 희석되어 사라졌다.

지역별 종교

지역에 따른 종교 차이도 지난 60여 년간 많이 희석되긴 했지만 남부와 노르트라인베스트팔렌Nordrhein-Westfalen의 극서 지역은 구교 가톨릭이, 북부와 동부에 있는 주들은 신교인 개신교(주로 루터교)가 지배적이다. 그러나 오늘날에는 많은 독일인이 마치 무슨 날에만 특별한 옷을 걸치듯이 종교 생활을 하는 경우가 많다.

지역별 복장

때로는 의상에서도 지역 차이가 두드러진다. 예를 들어 가죽바지나 승마 재킷 차림에 경쾌한 사냥 모자를 쓴 독일 남자라면 바이에른 지방에서 만날 가능성이 높다. 반면에 옛 서독 수상 헬무트 슈미트 덕에 유명해진, 낚시꾼용의 실용적인 챙 달린 모자는 북부 해안 지방에서 즐겨 쓴다. 이렇기 때문에 독일 사람들은 대도시 어느 곳에 불시착하더라도 지나가는 사람들의 복장을 보면 거기가 어느 지역인지를 단박에 알아낼 수 있다고 주장한다. 가령 뒤셀도르프와 뮌헨 사람들은 형형색색으로 세련되게 옷을 잘 차려입는 반면, 함부르크 사람들은 전통적이고 보수적인 스타일을 좋아하고, 프랑크푸르트 사람들은 좀 더 단조로우면서 기능적인 스타일을 선호한다.

지역별 성향

사람들의 성향 또는 분위기에서도 지역별 특색이 드러난다. 니더작센 중부 이남에 사는 사람들은 북부 사람들이 입이 더 무겁고 자기표현을 잘 안 한다고 평한다.

편안하고 느긋한 태도를 뜻하는 '게뮈틀리히카이트gemütlichkeit'는 바이에른 지방에서 가장 두드러진다. 바이에른 사람들이 독일인 가운데 가장 마음이 열려 있고 재미를 추구하며 흥이 있고 맥주를 많이 들이킨다고 알려져 있다(마지막 말은 통계가

> 나는 독일인이 아니라 바이에른 사람이다.
> – 프란츠 크사버 크뢰츠, 현대 독일 문단에서 가장 유명한 극작가

충분히 뒷받침한다). 그러나 이런 순박하고 훈훈한 분위기에 젖어들고 싶은 소망을 가지고 남부로 이주해 온 프로이센 사람들은(혹은 바이에른 출신이 아닌 누구든) 바이에른인의 이런 성향이 단지 피상적인 면일 뿐이라고 되받는다. 외부인이 그들 속으로 뚫고 들어가려 시도하는 순간, 굳게 닫힌 문에 부딪힐 게 뻔하다는 것이다. 실제로 독일인이든 외국인이든, 외지인에 대한 태생적 불신이 어느 지역보다 강한 바이에른의 작은 마을에서 겪은 불쾌한 경험을 한두 가지쯤은 갖고 있다. 그럼에도 바이에른 주의 뮌헨이 여전히 독일 사람들이 가장 살고 싶어 하는 도시 1위를 차지한다. 바이에른의 주도州都로서 갖는 수많은 매력뿐 아니라, 알프스 산맥과 큰 호수들이 산재해 스포츠나 여가 활동을 즐기기에 안성맞춤이라는 점이 주효한 원인일 것이다.

베를린 시민들 또한 개방적인 성향으로 유명하다. 비록 그것이 때로는 짜증이나 적대감, 불편함을 노골적으로 표현하는 태도로 나타나기는 하지만 말이다. 흔히 베를린 시민의 말투를 '베를리너 슈나우체Berliner Schnauze'(schnauze는 짐승의 주둥이를 뜻함. =역주)라고 표현하는데, 이는 작은 모욕에도 무뚝뚝하고 거칠게 반응하는 베를린 사람들의 태도를 특징적으로 나타내는 말로 갖가지 노래나 이야기의 소재가 되기도 한다.

베를린은 1948년부터 1989년까지 매우 독특한 상황과 지위에 처해 그에 따른 지역적 특성도 띠게 되었다(제2차 세계대전 이후 독일이 분단되면서 동베를린과 서베를린으로 분단되었다가 1989년 통일되면서 다시 하나의 도시로 합쳐진다). 통일 전 서 베를린은 개방적이고 자극적인 유흥 문화로 수많은 젊은이를 끌어 모았

는데, 청년들은 십대 때 베를린에서 거주하면 군 징집을 피할 수 있었다. 이곳은 또한 전반적인 개방성과 관용, 돈을 벌 수 있는 기회로 인해 다른 나라에서 온 이민자들의 집결지가 되었고, 시의회에서 제공하는 넉넉한 보조금과 도시의 매혹적인 분위기로 많은 예술가를 유혹했다. 이런 모든 강점 덕분에 베를린은 '자유분방함과 기행의 도시'라는 평판을 얻었다. 이는 진실에 가깝고, 다른 지역에 사는 독일인도 베를린을 감탄 섞인 갈망과 관용의 눈길로 바라본다.

라인 강 서쪽 지방도 특색이 있다. 이 지역 사람들도 어느 정도 개방적이고 호의적이며, 바이에른이나 베를린 사람들처럼 적절한 때에 맞춰 인생을 즐길 줄 안다.

동서의 차이점

독일 내에서 가장 큰 차이는 의심의 여지없이 옛 동독과 서독, 즉 동독인과 서독인 사이에서 발견된다. 40년 동안(그것도 역사상 가장 급속한 변화가 일어났던 40년!) 완전히 다른 정부와 경제 체제 아래서 살아온 두 부류의 사람들 사이에 엄청난 차이가 형성되지 않았으리라고 기대하기란 불가능하다.

동서로 분리된 40년 동안의 격차는 "우리는 한 민족이다(Wir sind ein volk, 뷔어 진트 아인 폴크)"라고 거리에서 숱하게 외쳤던 수많은 동독인이 예상했던 것보다 훨씬 깊게 뿌리내려 있었다. 독일을 두 나라로 나누었던 물리적 장벽을 의기양양하게 허문 지 20년이 훨씬 지난 지금도 많은 사람이 '머릿속의 장벽'에 대해 이야기하는 것을 보면 말이다. 불행히도 이 장벽을 말끔히 없애는 일은 쉽지 않을 듯하다.

베시스와 오시스

베시스wessis(동독인이 서독인을 경멸적으로 부르는 말. '서쪽 놈들' 같은 뜻)와 오시스ossis(서독인이 맞받아서 동독인을 가리키는 말) 사이의 주요한 차이에는 그들이 살아왔던 체제가 반영되어 있다. 동독인은 서독인이 지나치게 물질주의적이고 피상적이며, 자신만의 좁은 사회에만 관심을 갖고 오만하다고 비난한다. 이에 대해 서독인은 동독인이 너무 게으르고 단순하며, 원하는 것을 급하게 얻으려 하면서도 진취적이지 못하고 불안정하다고 맞받아친다.

두 지역의 격차는 거주민들의 정신뿐 아니라 산업 경관과 주택 공급에도 존재한다. 옛 동독 지역의 많은 공장과 시설은 가망이 없을 정도로 낡고 비효율적이다. 따라서 몇몇 공장은 설비를 교체했지만 대다수 시설은 사용이 불가능해 폐쇄되었다(몇몇 곳은 멋진 쇼핑몰로 탈바꿈했다). 오늘날 최신식 공장들이 계속해서 들어서고 있는데, 정부나 경제계의 낙관주의자들은 서독 지역의 설비시설보다 한참 앞선다고 떠들어대지만 대부분 사람들은 이런 관측이 한낱 낭만적인 환상에 불과하다고 저평가한다. 아무튼 사람들이 기대한 것보다 훨씬 더디기는 하지만 옛 동독 지역의 산업과 경제가 호조를 띄고 있는 것은 사실이다.

열악한 도로 상황

통일 직후 몇 년 동안 옛 동독 지역을 여행한 사람들이 실질적으로 부딪힌 문제는 가는 곳마다 크게 차이가 나는 도로사정과 그로 인한 엄청난 불편함이었다. 옛 동독 지역은 심지어 주요 도로와 아우토반autobahn(고속도로)의 일부 구역이 잘 정비되지 않아 열악하거나 2차로여서 속도가 나지 않고 불편했다. 기차 여행도 서독 지역만큼 쾌적하지 못했다.

그러나 독일 연방정부와 도이치반Deutsche Bahn(독일 국영 철도회사)이 동독 지역의 운송 체계를 향상시키는 데 어마어마한 돈을 투자한 결과, 지금은 동서 간의 도로 격차가 거의 제거되었다. 그럼에도 작은 마을 주변의 많은 도로는 여전히 자갈길이고 상태가 안 좋은 곳이 있으므로, 옛 동독 지역의 예스러운 장소를 여행할 계획이라면 평소보다 시간이 더 걸리고 도로 상황이 고르지 못하리라는 점을 예상하고 가도록 하라.

옛 동독 지역의 환경오염

통일 후 독일이 직면한 또 하나의 심각한 문제는 옛 동독 지역의 위험한 환경오염 상태였다. 옛 동독의 공산주의자들은 산업공해가 자본주의의 착취적인 생산방식에서만 나온다고 생각해 안심이라도 했던지 각종 오염 물질을 배출하는 공장들을 별 제제도 없이 잔뜩 지어놓았다. 거기서 나오는 무시무시한 오염 물질을 신속히 제거하거나 공장 및 발전소를 폐쇄하지 않은 탓에 1990년대에 동독 내 많은 지역의 공기와 물이 오염되었다.

이런 상황도 지금은 크게 개선되었다. 문제가 되는 공장과 발전소를 모두 폐쇄한 덕분인데, 그 때문에 이 지역에서 실업률이 크게 증가했다. 실제로 공기 오염이 심각했던 할레Halle 인근 지역은 유럽연합에서 실업률이 가장 높다.

서독 지역에서 찾아오는 관광객들은 할레나 로이나Leuna, 비터펠트Bitterfeld 같은 곳은 여전히 숨 쉬기가 어렵다고 불평하지만 한때 환경적으로 위험 지역이었던 동독 도시들의 상태가 눈에 띄게 좋아졌다는 점은 대체로 인정한다.

동서가 만나는 베를린

베를린은 독일의 험난한 재통합 과정이 가장 빠르고 의미심장하게 진행되었던 곳이다. 이전에 동독에 속했던 구역이 지금은 서독과 같은 모습을 띠게 되었다. 가장 부유하고 호화로운 마을들은 여전히 서 베를린 쪽에 있지만 동독 지역도 수준을 끌어올리기 위해 상당한 돈이 투입되었다. 또한 동 베를린은 과거 공산주의 국가였던 동독의 전시 도시였으며 예전 독일 제국과 나치 독일의 정부가 자리 잡았던 곳이기에 이전에도 웅장하고 화려하기는 했다.

그러나 베를린에는 여전히 심리적으로 심한 분열 현상이 존재한다. 최근에 텔레비전과 라디오 프로그램에서, 표면상 하나가 된 지 25년이 지난 베를린에서 많은 젊은이가 자신을 동독 또는 서독에 속한다고 생각한다는 보도를 했다. 동 베를린에 사는 젊은이들은 도심지에 베시Wessi 고객을 끌어들이기 위한 화려한 클럽과 커피숍, 미술관, 디스코텍들이 새로 들어서 자신들은 더 이상 돌아다닐 데가 없다고 불평했다. 그들은 서 베를린의 젊은이들이 가는 모임 장소나 서구화된 동독 지역 어디서도 불편함을 느낀다고 말했다.

결국 동 베를린의 젊은이들은 고향의 더욱 외진 구역을 찾아 들어간다(많은 상을 받았던 영화 〈굿바이 레닌Good bye, Lenin!〉은 이런 혼란스런 감정을 어두우면서도 유머러스하게 잘 보여 주었다). 한편 베시스는 베를린 중심가와 고풍스런 프렌츨라우어베르크Prenzlauerberg의 '인기 있는' 장소는 즐겨 찾지만 그들의 안락한 기준에 미치지 못하는 외곽 지역에는 절대로 가지 않는다. 이처럼 베를린 안에서도 '머릿속의 벽'이 꽤 견고하게 남아있다.

오스탈기

최근 독일에서 벌어지는 현상 중에 특기할 만한 것으로 '오스탈기ostalgie'(동독에 대한 향수)가 있다. 이는 동쪽과 향수를 뜻하는 독일어를 합성한 말로, 가능하면 옛 동독의 생활방식을 되찾고자 하는 욕망을 가리킨다. 물론 독재나 비밀경찰, 정치 선전 등 부정적인 역사는 예외로 하고 말이다.

이런 목적에서 론도 커피(Rondo Melange), 슈프레발트 오이 피클(Spreewaldgürken) 등 동독 시대의 브랜드를 그대로 유지한 애호 식품들이 1990년대 초반 독일 시장에 재등장해 사랑받았다. 베를린의 유명한 알렉산더 광장에는 과거 계획경제의 장점을 갈망하는 사람들을 겨냥해 '99퍼센트 동독 제품'이라는 이름을 내건 상점들이 들어섰다. 이런 오스탈기 흐름이 영화 〈굿바이 레닌〉의 상업적 성공을 이끄는 데 한몫했던 것이 분명하다.

서쪽으로

오늘날 서독 지역에서 거주하는 사람 중 상당수는 옛 동독 지역 출신이다. 통일 후 동독인의 약 7분의 1이 서쪽으로 이주했다. 동독 지역 5개 주의 인구는 통일 후 10여 년 만에 18퍼센트나 줄었다. 몇몇 도시의 인구 감소는 훨씬 심각하다. 가령 중공업 지대였던 호이어스베르다Hoyerswerda의 인구는 통일 13년 만에 7만 5000명에서 4만 5000명으로 급락했다. 고향을 떠나 서쪽으로 향하는 인구가 젊은 층과 여성, 특히 고급 인력이 대다수라는 점을 고려하면 이런 인구 변화는 심각하다.

한편 옛 동독 사람들은 서독인보다 '머릿속의 벽'을 더욱 뚜렷하게 느낀다. 서독 지역의 높은 생활수준에는 만족하지만 고향에서 경험했던 인간적 관점들을 잃게 된 것은 후회한다. 그들이 보기에 베시스는 자기 자신과 자기 일에만 지나치게 신경을 쓴다. 한편 베시스가 볼 때 오시스는 여전히, 어쩌면 더욱더 '집단'에 집착하는 듯 보인다.

국내 이주의 결과

동독 출신의 재능 있고 진취적인 젊은이들은 고향에서는 자기 재능에 맞고 보수가 좋은 직장을 찾기 힘들어 서독 지역으로 떠난다. 그러나 이들 중 다수는 이전에 고향을 떠났던 선배들과 마찬가지로, 친절과 동료애, 호의가 부족한 서쪽 사람들에게 실망을 느끼며 고향을 떠나온 일을 후회한다. 그럼에도 여전히 많은 수가 지금도 서쪽으로 향하는데, 어쩌면 이렇듯 어쩔 수 없이 이어지는 독일 내의 이주로 인해 양 지역의 격차가 희석될 수 있을지 모른다. 그러다 보면 언제가 될지는 모르지만, 결국에는 머릿속의 벽들도 모두 무너지지 않겠는가.

역사

독일 역사는 숨 막힐 듯한 급상승과 급강하, 과격한 회전과 방향 전환, 정신없이 빠른 변동을 반복하는 롤러코스터 타기에 비유할 수 있다. 어떤 나라도 희망과 두려움, 꿈, 충성과 극단적 경향, 운명과 열정을 근대 독일처럼 강렬하게 경험하지는 못했을 것이다. 이쯤에서 독일의 지나온 역사를 개괄적으로 살펴보자.

마치 독일의 극단적인 역사를 보여
주는 듯한 '걷는 롤러코스터' 조형물.
뒤스부르크 앵거 공원에 있다.

초기 역사

독일 역사의 출발점은 전통적으로 기원전 9세기 고대 게르만인의 한 종족이었던 체루스키족의 족장 헤르만Hermann(또는 아르미니우스Arminius)이 로마의 3개 군단을 물리쳤을 때로 본다. 그 후로 헤르만은 독일의 국가적 영웅이 되었다.

기원전 911년에 최초의 독일 황제가 선출되었다. 그 뒤로 독일 지역은 신성 로마 제국이라 불렸고 수세기 동안 최고 귀족들 사이에서 황제를 선출했다.

근대기

프로이센에서 강조한 규율, 근면함 등의 전통적인 미덕들 덕분에 독일은 곧 세계 최강국의 입지를 굳힌다.

역동적인 독일

1900년경 독일은 미국에 뒤이어 세계 제2의 산업국가로 우뚝 선다. 과학과 기술, 예술, 사회정책 분야에서 눈부신 성과를 거두었다. 빌헬름 뢴트겐의 엑스선 기술에서부터 카를 벤츠와 고틀리프 다임러의 자동차 개발(두 사람이 각각 자동차를 만들다가 나중에 회사를 합병해 메르세데스 벤츠를 생산한다)에 이르기까지 그 영역이 다양하다. 새 독일은 옛 프로이센의 본을 따 군을 정비하고 영향력을 광범위하게 넓혔으며, 20세기 초반까지 아프리카와 아시아 여러 곳에 식민지와 보호국을 구축했다.

1차 세계대전

유럽에서 영국과 프랑스, 벨기에 사이에 이권을 둘러싼 마찰이 일촉즉발의 상황으로 치닫고 있던 1914년경, 독일은 유럽의 지도를 수정하고자 하는 관심을 새롭게 드러냈다. 곧 독일은 오스트리아, 오스만 제국(지금의 터키)과 연합해 재빠르게 선수를 쳤지만 1917년 미국의 참전으로 전세가 역전해 독일과 그 연합국에 불리해졌다. 이 전쟁으로 헤아릴 수 없이 많은 인명이 희생되어 '세계 대전the Great War'이라고 부른다. 1918년 독일은 무조건적으로 항복했다.

인플레이션

독일 민주주의를 통째로 흔들었던 첫 번째 위기는 어마어마한 규모의 통화팽창, 즉 인플레이션이었다. 이는 전쟁에 들어간 엄청난 비용과 패배 후 베르사유 조약에 의해 국제 사회에 지불해야 했던 심각하게 높은 전쟁배상금으로 인한 재정적 부담에서 초래되었는데, 독일 마르크화의 가치가 전쟁 이전과 비교해 1조분의 1로 폭락했을 정도다. 이러한 대大 인플레이션으로 인해 점점 더 많은 독일인이 민주주의 정부는 현대 사회의 문제들을 해결하는 데 무능하다고 믿게 되었다.

제3제국

1920년대 말에서 1930년대 초 독일 정권은 연립정부로 이양되었다. 연정의 반복되는 실책과 1930년대 초의 세계적 대공황 속에서 우파 지식인과 반공화주의자들은 독일에 정말 필요한 것은 강력한 지도자라는 신념을 굳히게 된다. 결국 이런 지도자의 역할을 감당하게 된 사람이 아돌프 히틀러였다. 오스트리아 출신의 그는 독일 대통령 선거에 출마하기 직전인 1932년까지만 해도 독일 시민이 아니었다.

나치 정부는 권력을 장악하고 국가안전기구의 가능한 모든 요원을 동원해 반대파를 억압했다. 그 결과 여러 개로 존재했던 정당이 1년 만에 독재적인 1당으로 축소되고 바이마르 공화국[5]은 역사의 뒤편으로 사라진다. 나치 정권은 유대인과 집시, 동성애자, 정치적 반대자들을 향해 적대적이고 악랄한 증오 운동을 펼쳤다. 이들 대부분은 2차 세계대전 중 강제수용소에서 대량 살상되었다.

2차 세계대전

서구 민주주의 국가들은 처음에는 되살아난 독일과 대립하기를 두려워해 그들의 반인륜적인 행태를 주시하기만 했다.

독일 제국의 마지막 황제였던 빌헬름 2세

영국과 프랑스는 폴란드 국경에 선을 긋고 무시했지만 결국 1939년 9월 1일 독일군이 폴란드를 기습하면서 세계 최악의 전쟁이 촉발된다.

점령과 회복

전쟁이 끝나자 완패한 독일 제국의 국토 대부분은 잔해 더미로 변했고, 나치 정권을 패배시킨 주요 연합국(미국과 영국, 소비에트 연방, 프랑스)이 독일 전역을 점령했다.

독일이 다시는 이웃 나라들을 침략하지 못하도록 군사력을 무력화할 수많은 계획들이 제안되었지만 서구의 세 연합국과 소비에트 연방 간의 험악한 분쟁으로 인해 채택되지 못했다. 그 결과 점령된 독일은 둘로 나뉘게 된다.

하나의 민족, 두 개의 독일

서구 세 나라가 점령한 서부 지역과 소비에트 연방이 점령한 동부 지역 사이에 큰 분열이 생겼다. 서독 지역에서 다양화된 정치 구성원들이 천천히 행정을 인수받는 동안, 동독 지역에서는 공산주의자들이 위원회와 의회를 통제했다. 1948년 6월 새로운 통화 마르크화가 도입되었다.

서독 경제는 콘라트 아데나워 수상과 경제 관료 루트비히 에르하르트의 신중하고도 성장 지향적인 정책과 안정적인 사회협약 덕분에 빠르게 날아올랐다. 1970년대 서독은 세계 3위의 경제 대국이면서 수출 1위국으로 올라섰고, 동독 역시 동구 공산주의 국가들 가운데서 생산성이 가장 높은 국가가 되었다. 나중에 동독의 생산성 성적은 대부분이 썩 훌륭하지 못하고 허울뿐이었다는 사실이 밝혀졌지만 말이다.

베를린 장벽

독일이 공식적으로 두 개의 국가로 나뉜 지 10여 년이 지난 뒤에도 동독 주민들은 서구 연합국 점령 지역으로 쉽게 진입해서 바로 서독 시민이 될 수 있었다. 냉전[6]이 깊어갈수록 이런 일이 빈번해졌는데, 특히 전문 인력들이 서독으로 많이 빠져나갔다. 결국 동독 지도부는 1961년 8월 13일 자정 이후부터 서 베를린과 동 베를린 사이의 모든 교류를 금지한다고 선언하면서 서독과의 경계 지역에 철조망을 쳤고, 이것을 곧 4.1미터 높이의 두꺼운 콘크리트 벽으로 대체했다.

직접 행동으로 의사를 표하다

1989년 후반, 헝가리가 공산주의 독재를 폐지하고 서구식 사회민주주의를 지향하자 수많은 동독인이 헝가리를 통해 오스트리아로 탈출했고, 체코 프라하에 있는 서독 대사관으로도 많은 수가 탈출을 시도했다. 결국 서독의 외무장관 한스디트리히 겐셔는 프라하의 서독 대사관으로 들어온 모든 동독인에게 독일 연방공화국(당시 서독)으로 갈 수 있는 출국 비자를 내주겠다고 선언했다.

동독이여, 안녕!

1989년 11월 9일, 동독 공산당 서기장이었던 에곤 크렌츠는 경비군인들에게 베를린 장벽의 문을 열어 동독인의 서 베를린 방문을 허용하도록 조치했다. 에곤 크렌츠의 뒤를 이은 한스 모드로프와 서독 정부는 빠르게 통일을 향한 협의로 나아갔고, 마침내 1990년 10월 3일에 41년간의 독일 분단이 종식되었다. 독일 연방공화국은 동쪽의 5개 주를 새로 얻으면서 수

© Frank Gaertner

© Shanti Hesse

한때 분단의 상징이었지만 멋진 갤러리로 탈바꿈한 베를린 장벽.
베를린을 사랑한 젊은 예술가들의 자발적 참여로 완성되었다.

많은 문제도 함께 안게 되었다.

통일 이후의 골칫거리들

동독 지역의 구식 공장들은 고통스러운 변화를 받아들이거나 폐업해야 했다. 통일 이후 서독은 경기 불황에 빠졌고 동독 지역의 혼란은 가중되기만 했다. 향후 동서 지역이 경제적, 정서적으로 통합되어 가는 과정은 앞서 베를린의 예로 설명한 바와 같다.

독일의 첫 여성 총리이자 동독 출신인 앙겔라 메르켈은 정치적 인기가 무척 높다. 통일 독일의 많은 문제가 여전히 산적해 있지만 많은 사람은 연합정부가 조금씩 풀어 나가는 중이라고 생각한다. 더구나 옛 동독 출신의 정치가가 키를 잡고 있는 한 동서독의 분열을 빠르게 치료하는 데 도움이 되리라고 믿는다.

이것이 21세기 첫 10여 년을 지나고 있는 오늘날 독일의 모습이다. 독일은 다른 나라와 달리 여전히 근대 역사의 무거운 짐을 감당하고 있다. 독일에서 살면서 성공하고 싶다면, 독일인을 이해하기 위해 이런 복잡하고 불행한 역사까지도 알아야 한다.

3
독일 사람들

우리는 숲에서 길을 잃고
어둠 속에서 두려워하는 아이들과 같다.
행복했던 적도, 좋았던 적도 없었던.
– 위스턴 오든

오든의 암울한 시구들은 세계를 2차 세계대전이라는 수렁에 빠뜨린 국가들에 대한 고발이었지만 이는 곧 전후 독일의 전형적인 모습을 예리하게 묘사한 표현으로 재사용되었다. 많은 사람이 이런 독일적인 역설에 무척 당황한다. 오늘날 독일은 세계에서 4, 5위를 다투는 경제 대국으로 성장했고 모범적인 사회 체계를 확립했다. 또한 사회기반 시설은 다른 나라의 본이 되었고 능력과 성취도 면에서도 세계적 명성을 얻었다. 그런데 어째서 독일인은 아직도 불안감에 시달리는 것일까?

역사가 남긴 것

그 물음에 대한 답은 흥망성쇠를 반복해 온 독일 역사에서 분명히 찾을 수 있다. 각 나라의 발전에 역사가 큰 역할을 하는 것은 사실이지만 독일의 경우에는 특별히 길고 무거운 그림자를 드리웠다. 독일의 정치 기관에서부터 일상생활에 미치는 산업 관계에 이르기까지, 거의 모든 영역에서 독일인 개개인은 불안정한 역사의 지울 수 없는 유산을 긍정적, 부정적 측면에서 모두 감지한다. 이 점은 독일인의 특성을 이해하는 데 중요한 열쇠다.

독일 사람들은 종종 역사의 짐에 대해 유감스럽게 말한다. 일반적으로 독일인은 역사의 짐을 다면적으로 받아들이는데, 분명 이 짐의 대부분은 현대 독일사에서 중심을 차지하는 충격, 즉 나치주의와 연관되어 있다.

나치주의의 경험은 현대 독일인의 성격에 엄청난 영향을 미쳤다. 오늘날 독일인은 선조들에 비해 권위를 불신하고 제복을 존중하지 않는다. 군에 대한 강한 회의가 독일 사회 전반을 관통하고 있으며, 독일인 상당수가 평화주의 시각을 받아들이고 있다.

내 독일인 친구나 지인 몇몇이 네덜란드나 벨기에를 방문할 때면 늘 영어를 쓰려고 하는 이유를 말할 때에도 이와 비슷한 짜증이 한탄과 섞여 나오곤 했다. 많은 네덜란드인과 벨기에인이 여전히 독일인에 대해 부정적인 감정을 품고 있기 때문에 영어를 쓰는 사람보다 독일어를 쓰는 사람에게 훨씬 부당하게 대한다는 사실을 부인할 수 없다. 제임스 조이스의 소설《젊은 예술가의 초상》에 등장하는 주인공 스티븐 디덜러스가 "역사는 내가 깨어나고자 애를 쓰는 악몽과 같다"고 말하지 않았던가. 대부분의 독일인에게 역사는 단지 깨어날 수 없는 것을 넘어서, 극복하기 위해 열렬히 싸워야만 하는 끔찍한 악몽과 같다.

영구적인 빚?

독일이라는 나라 전체가 여전히 나치 경험 때문에 비난받고 있다고, 독일인 거의 모두가 인식하고 있다. 나 역시 독일로 온 지 얼마 안 되었을 때 왜 '나치주의자들이 있는 거기서' 살려고 하느냐는 질문을 미국인이나 영국인들에게서 수차례나 받았다. 1980년대 초였던 당시, 미국과 영국에도 적어도 독일만큼이나 많은 신나치주의자들이 있다는 나의 대답은 그 회의론자들의 구미에 전혀 맞지 않았다. 히틀러 치하의 독일이 저질렀던 범죄는 많은 사람에게 결코 지울 수도, 지워지지도 않는 오명으로 남아있어서 나이와 배경을 막론한 모든 독일인과 언제나 즉각 연결되는 것 같다.

독일인이 중시하는 가치

역사의 예상 밖 변화들과 그에 따른 부정적 결과들로부터 독일을 보호해 온 가치들이 아주 최근까지 독일인의 사고방식과 가치 체계를 지배했다. 이런 중심 가치들 가운데 몇 가지는 지난 20여 년 사이에 크게 흔들렸던 데 반해 대부분은 영향력을 유지하고 있다. 약화된 가치들조차 소수의 사회단체들 속에 끈덕지게 남아있다. 그리고 바로 이 가치들이 독일인이 자신과 타인을 보는 방식, 경제 사회 상황에 따라 행동하는 방식뿐 아니라 꿈과 희망을 왜곡하는 방식까지도 표현한다. 그중 가장 중요한 몇 가지를 들여다보자.

안전에 대한 강한 열망

나는 이것이 독일의 특성을 이해하는 주요 열쇠라고 믿는다. 1950년대까지 독일 역사의 특징을 한마디로 요약하면 결국 충격적 불확실성과 국가 성쇠의 극적 반전이다. 이런 역사 때문에 오늘날 독일인은 안전을 몹시 갈망한다. 그들은 모험을 좋아하지 않고, 언제라도 상황을 이성적으로 통제하기를 바란다. 문제는 그들이 이성적이라 여기는 것들을 다른 사람들은 약간 비이성적이라고 생각할 수 있다는 점이다.

안전에 대한 강한 추구 때문에 독일인은 상황을 있는 그대로 두기를 좋아하고, 때로는 맹렬하게 변화에 저항하며 새롭고 불편한 상황을 최대한 멀리하려 한다. 냉혹하리만치 오만해 보이는 독일인의 태도는 많은 경우 불안정한 상황에 대처하는 과잉반응이고, 상황을 통제하고자 하는 확고한 시도일 수 있다.

독일인 대부분은 미래와 관련해서 불확실한 기미를 아주 싫어하기 때문에 그런 재난을 피하고자 삶을 계획하고 조직한다. 내가 생계와 관련된 이야기를 꺼내자 많은 독일인이 처음으로 한 질문은 이것이었다. "오! 그렇다면 노년에 대비해서는 무엇을 하고 있나요?" 또한 자신의 은퇴 계획을 설명하느라 열심인 이십대 청년들, 그리고 그들에게 사보험에다 정부연금까지 추가하라고 권하는 유명 잡지의 전면광고를 독일이 아닌 어느 나라에서 볼 수 있겠는가? 요컨대 독일인은 모든 상황을 신속하고 엄격하게 통제하려고 애쓴다.

전문지식이 필요해

독일은 숙련된 기술을 가진 사람들의 사회이고, 확실히 장인들은 자기 분야에서 수준이 매우 높다(독일인들 사이에서 영국이나 프랑스 장인들은 무능하다는 농담을 쉽게 들을 수 있다). 하다못해 빵이나 프레첼, 케이크와 같은 상품도 공인된 장인, 또는 최소한 장인의 지도를 받은 견습생이 만든다.

그러나 이런 제도에 호의적인 사람들조차 지나친 경우에는 불만을 표현할 수밖에 없다. 예를 하나 들어보겠다. 몇 년 전에 나는 조명 거울이 달린 욕실장을 하나 구입했다. 유럽 여러 국가의 소비자들을 위한 설치 설명서도 들어있었다. 거울이나 전기 장치를 어디에 놓고 어떻게 설치하는지 설명되어 있었는데, 러시아어와 독일어로 쓴 문구에만 이런 작업은 오로지 자격 있는 전문가가 규정과 절차에 따라 해야 한다고 명시되어 있었다.

미래는 언제나 아주 가까이에 있다

독일인이 삶을 계획하고 미래를 관리하기 위해 노력하는 방

독일은 자격증을 중시하는 나라다. 기술이 필요한 모든 직업은 훈련 과정을 거쳐 공식 인정을 받아야 한다. 사진은 수제화를 만드는 장인.

법에도 독특한 데가 있다. 대기업에서 인턴 생활을 계획하던 열아홉 살짜리 여성이 기억난다. 그녀는 한 달간 인턴을 한 다음에 다른 회사로 옮겨 다른 일을 배우고, 그 다음에 또 다른 회사로 옮길 계획이라고 쾌활하게 말했다. 그런 다음에 인턴 생활을 끝내고 남은 평생 일할 특정한 직장에 정착하면 된다고 했다.

이것은 그 여성만의 특이한 경우가 아니라 연금을 적극적으로 계획하는 독일 젊은이들의 평균적인 모습이다. 물론 세계의 불안정한 경제적 요인 때문에 언제 무슨 일이 닥칠지 대비할 필요성이 커져가는 것은 사실이다. 그럼에도 남녀노소를 불문하고 미래 안전성을 몹시도 중시하는 일상의 습관들은 독일 사회에서 참으로 눈에 띄는 특징이다.

빌리지도, 빌려주지도 않는다

다른 나라 사람들과 달리 독일인은 물건에 대한 깊은 애착이 있어서 어떤 물건을 남에게 빌리거나 빌려주는 일이 흔치 않다. 친구나 친척 간에는 다소 편하게 어떤 것을 빌려 달라거나 빌려주겠다고 할 수도 있지만 이웃이나 그리 친하지 않은 관계, 또는 직장 동료 사이에서는 이런 일을 매우 불편하게 여기고 꺼린다. 만일 누구에게 무언가를 빌린다면, 그것을 빌린 상태 그대로 돌려주는 것이 매우 중요하다.

집과 가정

독일인이 제 몸처럼 아끼고 마음껏 누리는 자산 가운데 으뜸은 집과 자가용이다. 물론 집은 전 세계 사람들이 거의 성역으로 여기는 특별한 것으로서, 추위와 무서운 바깥세상을 잠시나마 피할 수 있게 해주는 소중한 거주지이다. 그럼에도 파괴적인 전쟁을 겪으며 한밤중에 자기 집에서 비밀경찰한테 끌려가거나 이웃이 그렇게 당하는 것을 목격하고 폭탄을 맞아 집이 심하게 훼손되거나 완전히 파괴되는 어두운 시기를 겪은 독일인에게는 집이 더욱 특별한 의미를 갖는다.

독일인 대다수가 집과 그 안의 모든 소유물을 매우 특별한 시각으로 바라본다. 이 때문에 행상꾼이나 잡지 판매원, 종교 전도사, 길을 묻는 여행자 등이 예고 없이 집안에 발을 들여놓는다면 누구나 수상쩍게 여기거나 때로는 매몰차게 대할 것이다. 친구나 지인의 집을 예고 없이 방문해도 무례하거나 최소한 배려심이 없는 사람으로 취급받는다.

독일의 집들은 벽이 높고 주위에 울타리가 많아서 성보다는 동굴에 가깝다는 인상을 준다. 울타리는 공공의 영역이 끝나고 개인 공간이 시작됨을 알리는 역할을 한다. 따라서 독일에서 가정집을 방문할 때는 이런 특성을 항상 존중하고 주의해야 한다.

환경에 대한 관심

집에 대한 독일인의 애착은 최근 수십 년 동안 환경에 대한 관심으로 확대되었다. 독일 사회에서 종종 마주치게 되는 높은 환경 의식 역시 이들의 불안감이 긍정적으로 발현된 예라고 할 수 있다. 독일인은 자신들이 자라온 환경을 사랑하며, 그것이 인간의 부주의로 인해 극단적으로 바뀌는 것을 바라지 않는다. 자연 파괴와 환경오염으로 초래되는 위험에 대한 두려움은 독일인의 생활방식에 커다란 변화를 일으켰는데, 이는 독일인의 보수적인 성향에 비추어 실로 놀라운 것이다. 1980

년 서독에서 환경을 지키는 저항 단체로 설립된 녹색당(die Grünen)이 오늘날 독일의 제3당이자 현 연정에 참여하고 있다. 독일 녹색당은 세계의 많은 녹색당 중에서 가장 오래되고 규모가 크며, 가장 성공적으로 자리 잡았다고 평가받는다.

영광의 자동차

자동차에 대해서는 뒷부분에서 다시 다루겠지만 '개인 소유 자동차', 즉 자가용은 독일에서 특히 소중한 물건이다. 대중교통 체계가 발달하고 자전거 보급률이 높음에도 불구하고 독일인에게 자가용은 스스로 어떤 위치에 이르렀음을 나타내는 표시 수단으로 중요한 역할을 한다. 독일인은 자가용을 소유한다는 사실에 상당한 의미를 부여한다.

> **차에서 떨어지세요**
>
> 독일인 대다수는 차를 무척 아끼고 조심스럽게 다룬다. 길에서 만나는 자가용들도 대개 전시장에서 바로 출고된 것처럼 번쩍번쩍 윤이 난다. 따라서 다른 사람의 차도 존중해야 하는데, 특히 아이들이나 배우자, 개를 무심결에 독일인의 차에 앉히거나 기대게 하지 않는 게 좋다. 독일인은 차에 관한 한 매우 까다롭게 굴기 때문에 설령 친한 사람이라고 해도 몹시 언짢아할 것이다.

참 모순적이라는 생각이 들지도 모르겠다. 환경에 대한 지대한 관심과 독일의 우수한 대중교통 체계라는 두 가지 측면에도 불구하고 자가용이 지나치게 많다는 사실이 말이다. 하지만 바로 이 점이 독일에서 자동차는 단순히 이동수단 이상의 존재라는 점을 시사한다.

사람들은 당연히 차종마다 다른 정도의 성공 또는 자아상을 투영한다. 따라서 독일인은 차를 새로 구입할 때마다 자부심을 더욱 강화할 수 있는 모델로 바꾸려고 애를 쓴다. 성취도를 최대한 드러낼 수 있는 차로는 매력적인 포르쉐와 함께

BMW, 메르세데스가 있다. 이 3개의 대표적인 자동차 브랜드가 모두 독일산이라는 사실, 그래서 독일에서는 다른 나라에서보다 덜 비싸다는 점을 기억하라.

삶에 대한 태도

구획 짓기

독일인이 생각하기에 불안감을 심어주는 데 가장 좋은 방법은 삶의 다양한 영역을 뒤섞어 버리는 것이다. 생활을 뒤죽박죽 섞으면 당연히 혼란스러워지고 불안감이 급속하게 퍼진다. 독일인은 되도록 불안한 상황을 피하기 위해 삶의 중요한 영역들을 꼼꼼하게 구분하는 편이다. 자신과 타인의 영역에 가능한 한 선을 그어놓으며, 일은 오로지 일터에서의 활동으로 국한해 분리하고, 가정은 가정생활을 위한 고유 영역으로 존

독일 집들은 벽이 무척 높다. 공공의 영역과 사적인 공간을 확실하게 구분 짓는 그들만의 장치이다.

중한다. 어떤 친구들과의 모임은 이곳에서, 또 다른 친구들과는 모임은 저곳에서만 하는 등 사교 활동 역시 그 모임만의 특정한 장소에서 즐긴다. 활동이 어느 정도 겹칠 때에도 어떻게 해서든 각각의 영역을 지키려고 애를 쓴다. 예를 들면 친해진 동료라 할지라도 직장에서는 반드시 형식적 호칭으로 부르고 업무가 끝난 다음에야 친근한 호칭으로 바꾸는 경우가 많다.

제자리에 그대로 두세요

독일 가정은 그들의 구획 짓기 태도를 좀 더 가까이에서 관찰할 수 있는 훌륭한 실험실과 같다. 독일 주택에는 방마다 그 방만의 고유한 기능이 할당되어 있어서 아주 특별한 경우를 제외하고는 다른 용도로 사용하지 않는다. 많은 집 구조가 이렇게 설계되어 있다. 일례로 독일식 주방은 대부분 작아서 요리하는 일 외의 다른 활동에는 적합하지 않다. 독일 사람들은 북아메리카나 지중해 문화와 달리 가족회의를 주방에서 하지 않는다.

모든 물건에도 제각각 지정된 자리가 있어 집주인이 용도에 맞게 놓아둔 바로 그 자리에만 두어야 한다. 용도가 다양한 물건이어서 잠시 자리를 옮겨 사용했더라도 다 쓴 후에는 재빨리 원래 있던 자리로 돌려놓아야 한다. 독일인 친구 집에 방문해 함께 자리를 옮길 일이 있을 때, 평화를 깨고 싶지 않다면 절대로 물건들의 위치는 바꾸지 마라.

하늘 아래 모든 것에는 다 때가 있다

삶의 구획 작업을 효과적으로 하기 위해, 독일인은 거의 대부분의 활동에 적합한 시간을 배정해 놓는 편이다. 그래서 갑자기 다른 할 일이 끼어들면 불안해한다. 독일에서 잠시만 살아봐도 시간에 관한 서구의 주요 철학사상이 왜 대부분 독일에서 나왔는지를 이해하게 될 것이다. 독일 사람들은 정말로 시간에 대한 강박감을 갖고 있다.

특히 공장이나 상점, 사무실에서 시간을 철저히 지킨다. 이런 곳에 업무 마감 시간 또는 신성한 점심시간 직전에 찾아간다면 직원들이 쌀쌀맞게 대하거나 아예 접대를 거부할 수도 있다.

시간에 대한 엄격한 태도는 가정생활이나 여가 활동에도 적용된다. 독일에서 모든 일에는 때가 있고, 특히 자리에 앉아 식사할 때가 그렇다. 점심시간이나 저녁시간, 커피 타임이라면 정말 배가 고프지 않아도 그때 먹어야 한다. 요즘은 많은 독일인이 이 점에서 약간의 융통성을 발휘하지만 보통은 분 단위 내에서일 뿐 시간 단위로 넘어가지는 않는다. 한편 다른 문화권에서 정규 식사를 대신해 간단히 먹는 간식, 또는 가벼운 요기를 독일인은 절대로 먹지 않는다.

산책하는 시간, 집 안 창문을 열어 환기하는 시간(이는 독일 가정생활에서 필수 절차로 연중 시간은 다르지만 궂은 날씨에도 한다), 텔레비전을 보는 시간도 따로 있다. 독일 사람들은 이런 시간을 어기면 스스로 큰 흠으로 여기고 나중에 벌충하는 데 시간이 더 들 것이라 염려한다. 가령 독일의 주요 저녁뉴스 방송 시간대인 오후 8시에서 8시 15분 사이에 전화를 걸 일이 있을 때에는 매우 신중해야 한다. 심지어 대학교에서 교수가 강의에 15분 이상 늦으면 학생들은 수업을 듣지 않아도 된다는 관례도 있다. 마찬가지로 약속 장소에 15분 이상 늦게 되었다면 반드시 타당한 이유를 준비해야 할 것이다.

계획의 중요성

시간에 대한 강박감과 밀접하게 연관된 생활 습관 중 또 하나는 세심하고 충실한 계획 세우기이다. 불안에 대비한 최선의 방어책으로 계획적인 삶을 사는 독일 사람들은 물건은 물론이고 일상생활에도 꼼꼼하게 테두리를 쳐놓는다. 하루하루 계획을 거의 확실하게 짜는 독일인에게 마지막 순간에 손님을 한 명 더 추가하라고 권하는 일은 절대 바람직하지 않다.

그런 즉흥적인 태도는 독일인에게 절대 미덕이 아니다. 1970~80년대에 활동한 극단적 정치 집단 중에 당 이름을 즉흥성의 약칭인 '스폰티스Spontis'라고 지은 당이 있었다. 독일 사회에서 의도적인 즉흥성보다 더 체제 전복적으로 받아들여질 개념은 거의 없기에 이는 매우 충격적인 이름이었다(당연히 이 당의 많은 활동은 세심하게 계획된 즉흥성을 띠었다).

지금 당장 계획하라

독일인의 삶에서 계획 세우기란 약간의 강제성을 띠기 때문에 당신 역시 독일에서 살게 된다면 스스로 원치 않더라도 '계획하는 삶'이라는 큰 흐름에 따르게 될 것이다. 예컨대 대부분의 클럽이나 극장, 잡지와 신문 가입 회비 등은 신고 없이 자동으로 갱신된다. 이를 막으려면 고객이 의무적으로 취소 신청을 해야 하는데, 대개 유효기간이 끝나기 3개월 내지 6개월 전에 해야 한다는 규정이 있다. 그 기간에 취소하는 것을 잊으면 1년간 자동 갱신되어 다시 취소 신청을 하기까지 1년을 더 기다려야 한다. 내가 아는 어떤 부인은 독일의 한 대형 자동차 클럽에 회원으로 가입했다가 취소 신청을 자꾸 잊어먹는 바람에 차를 폐기하고 나서도 2~3년 뒤까지 회비를 냈다. 이런 식으로 원치 않는 회비가 나가는 것을 막아줄 법원이나 소비자 단체는 없다. 독일의 규칙과 독일인의 정서가 모두 세심한 계획 세우기에 기초를 두고 있기 때문이다.

독일인의 성격

완벽주의

불안감에 대처하는 또 하나 좋은 방법은 모든 일을 완벽하게 하는 것이다. 그 덕분에 독일인은 '철저하다'는 타당한 명성을 얻어냈다. 독일인은 모든 일에 대해 구석구석 빈틈이 없기 때문에 당신은 품질에 대해서는 안심하는 반면 짜증이 날 일도 있을 것이다. 가령, 이미 완성된 작업을 독일인이 와서 보고는 조금만 손을 대면 잘 마무리되겠다고 말하는 경우를, 독일에 사는 외국인이라면 빈번히 경험한다.

수년 전 나는 독일인의 완벽주의를 보여 주는 좋은 실례를 경험했다. 내가 사는 아파트 창문을 에너지 절약 제품으로 교체할 때였다. 일꾼 세 명이 며칠간 와서 새 창문을 다는 작업을 했다. 건물주는 작업이 끝나면 1~2주쯤 뒤에 공사 도목수가 직접 작업 상태를 점검하러 올 것이라고 알려 주었다. 예정대로 공사 도목수가 다녀갔고, 그는 일주일 뒤에 또다시 와서 한 번 더 점검했다. 독일 사람들은 이처럼 철저하게 일한다. 그 뒤로 우리 아파트 창문에 아무 문제가 없었다는 사실은 말할 필요도 없을 것이다.

잘못을 솔직히 인정하는 태도

독일에 온 많은 사람이 독일인의 때로는 가차 없어 보일 정도로 솔직한 태도에 깜짝 놀란다. 모인 사람 대부분이 조심스럽고 요령 있게 말하며 좀체로 감정을 드러내지 않으려고 애쓰는 상황에서도 독일인은 아무 눈치를 보지 않고 자신의 의사를 솔직하게 전달한다. 마치 독일인의 신조가 "진실은 당신을 아프게 하지만 그럼에도 불구하고 당신에게 이롭다"라는 듯이 말이다.

그러니 독일에 오게 된다면, 당신이 익숙하지 않을 게 분명한 비판이나 불친절한 판단을 기꺼이 들을 마음의 준비를 하라. 독일에서는 조금 아는 사람이나 직장 동료가 고국의 절친한 친구들조차 당신에게 꺼내지 않았던 말을 할지 모른다. 심지어 고치기 힘든 성격적 결함이어서 대부분의 사회에서는 금기시하는 주제와 관련해서도 당신을 비판할 수 있다.

많은 독일인 지인과 동료, 학생들이 미국인이나 아시아인과 대화할 때 그리 편하지 않다고 내게 고백했다. 왜 그럴까? 독일 친구들은 그들을 신뢰할 수 없기 때문이라고 말한다. 미국인과 아시아인은 모두 비판하기를 너무 조심스러워하고 상대방의 감정을 다치지 않게 하려고 진실을 완곡하게 표현하는 편인데, 독일인은 그런 것을 전혀 미덕으로 보지 않는다. 당신의 느낌과 감정을 표현할 때는 미묘한 주제일지라도 수사적이고 완곡한 꾸밈말을 버리고 직설적으로 말하는 게 좋다.

독일인이 이처럼 극도로 솔직한 이유는, 자신들이 남에게 그렇게 받아들여지길 바라는 마음에서인지 모른다. 북아메리카에서 온 사람들은 남이 자신을 좋아해주기를 바라는 반면 독일인은 신뢰감을 주고 싶어 한다. 이런 성향의 차이 때문에 독일인은 스스로 실수를 저지르거나 자신의 실수를 인정하는 것을 몹시 싫어한다.

오만함

독일인은 모두 오만한가? 음, 오만함이 다른 사람을 어느 정도 얕보는 듯한 느낌을 주는 것이라면 그렇다. 독일인은 다른 나라 사람들보다 자주 오만한 태도를 보인다(하지만 많은 사람이 이 점에서는 독일인이 프랑스인에 훨씬 뒤진다고 주장할지 모른다). 고개를 깊이 숙일 수 없다면 차라리 억세고 오만해 보일 정도로 꼿꼿이 서 있어야 한다. 이는 독일 사회에서 흔히 목도하는 바람직하지 않은 특징이다. 독일인이 잘 굽히지 못하는 원인 또한 깊은 불안감에서 찾을 수 있는데, 불안감의 쓴 열매가 지나친 오만함으로 표출되는 것이다.

공격성

독일에서 수십 년째 살고 있는 남아프리카공화국 출신의 한 지인은 외국에 잠시 나갔다가 독일로 돌아오면 자신이 다시 뒷목과 어깨가 굳을 정도로 얼마나 긴장하는지에 대해 종종 말한다. 그는 이런 증상을 다음과 같이 진단한다. "독일 사회는 매우 공격적입니다. 당신도 즉각 알아챌 것입니다."

독일 사회에서 곳곳에 밴 공격성은 오만한 태도와 함께 게르만 민족의 부정적인 특성이다. 슬프게도 많은 독일인이 뭔가를 원할 때 지나치게 강하게 나온다. 실제로 뭔가를 원할 때면, 독일인은 호전적이라고 할 수는 없어도 강압적이고 고압적이며 눈에 띄게 안달한다.

합리주의

독일인 대다수가 강력한 합리주의자들이다. 최소한 그들 스스로 합리주의자라고 믿는 비논리적 신념을 갖고 있다. 아무튼 독일인은 경험에 근거해 상황을 판단하고, 무언가 결정을 내리기 전에 얻을 수 있는 확실한 정보를 모두 모으려고 노력한다. 그리하여 자신들이 내리는 모든 결정이 견고한 이성적 바탕에 근거한다고 믿는다. 따라서 독일인이 오랜 숙고 끝에 도달한 결정 또는 독일 사회에서 오랫동안 확고하게 정립된 문제에 대해 그들과 논쟁하는 것은 별로 유익하지 않다. 당신이 만나는 독일인 대부분이 그런 문제에 관한 한, 다른 쪽으로는 실행 가능한 주장이 있을 수 없다고 확신할 테니 말이다.

합리주의에 대한 이런 확고한 신념이 가져온 결과물이 바로 감상주의에 대한 경멸이다. 독일인 대부분은 감상적인 종류는 딱 싫다고 주장하고 감상이 짙게 섞인 노래나 영화, 이야기, 시에 대해 업신여기듯 콧방귀를 뀌거나 신경질적인 조소를 보낸다. 그러니 독일인에게 감상적인 작품에 대한 '감상'을 강요하지 마라. 불쾌한 대답을 들을 가능성이 크니 말이다. 그렇지만 적절한 상황에서 적당한 분위기와 알코올음료의 힘을 빌리면, 꽤 많은 독일인이 감상에 젖는다는 사실도 알게 될 것이다. 왜 이런 모순적 현상이 일어날까? 계속 읽어보시라.

역동적 분열

독일이 낳은 위대한 시인 괴테는 자신의 가장 유명한 창조물인 파우스트 박사의 입을 통해 "내 가슴 속에서 두 개의 영혼이 고동친다"고 선언했다. 선하고 늙은 박사의 말은 수많은 독일 동포의 한탄이라 할 수 있다. 독일인은 종종 갖가지 격정에 휩싸여 스스로 분열되는 느낌을 받고, 모순적으로 보이는 여러 관점들에 집요하게 붙들린다. 일례로 1980년대와 90년대에 반복적으로 실시한 여론조사에 따르면 독일인 대부분이 국가와 자신의 미래에 대해 낙관적인 생각을 가지고 있다고 응답했지만 실제로 생활에서 만나는 독일인은 세계 어느 나라 국민들보다 비관적인 가치관을 지녔다. 또한 독일인 대다수가 인간의 본성은 기본적으로 선하다고 믿는다고 대답했지만 실제로 독일 사회에서는 타인에 대한 불신이 만연해 있다.

외국인의 눈에 이런 모습은 위선적으로 보이기 쉽다. 그러나 그 정서를 깊이 분석해 보면 독일인은 머리와 가슴 사이 어딘가에서 고뇌하고 있는 것이다. 전형적인 독일인은 이성과 감성이 분열된 상황에 처해 있다. 이 때문에 어떤 주제에 대해 서로 배타적인 관점을 동시에 가지곤 하는데, 한편으로는 이성적 판단에 근거한 결론을, 다른 한편으로는 감정에 치우친 결론을 모두 내리는 것이다.

이런 분열적 성향으로 인해 독일인의 내면에는 역동적인 긴장감이 돈다. 그리고 매번 어떤 느낌의 안내를 따라야 할지 결정을 잘 내리지 못한다. 가령 독일인은 흔한 고정관념과 달리 매우 감정적인 상태가 되거나 격정적인 행동을 보이기도 하는데, 축구 경기장의 훌리건이나 우익 극단주의자들의 테러 행동처럼 부정적인 방식으로 표출되는 경우도 있다. 물론 대부분은 그런 상황에 처하지 않기 위해 스스로 감정을 잘 통제하며, 그 때문에 차갑고 기계적이고 지나치게 이성적이라는 평가를 자주 받지만 말이다. 그러나 당신이 독일인과 가깝게 지내게 된다면 그들이 양극단의 감정과 열정을 매우 긍정적인 방식으로 표현하기도 한다는 사실을 알게 될 것이다.

언제나 우울

비관주의로 다시 돌아가 보자. 독일의 어두운 역사가 독일

독일 사람들이 어딘가 우울해 보이는 것은 사실이다.
사진 위는 뒤셀도르프의 거리, 아래는 뮌헨 카를 광장에서 쉬고 있는 사람들.

인에게 물려준 자질 중 하나가 바로 뼛속 깊이 밴 우울감이다. 독일인은 어떤 상황이 순식간에 끔찍하게 나빠질 수도 있다는 사실을 너무나 잘 알기 때문에 걱정이 많다. 만일 걱정할 문제가 없다면 왜 걱정할 게 없는가를 놓고 걱정할 것이다.

독일에 잠깐 방문했거나 온 지 얼마 안 되어 그들의 밝은 면을 잘 모르는 사람들은 이런 측면을 독일인에 대한 고정관념,

즉 '독일인은 우울한 민족'이라는 관점의 증거로 삼을 수 있다. 실제로 우울은 독일인이 사물을 인지하는 방식의 하나로 이들 삶에서 중요한 요소이다. 안타깝게도 독일인은 선천적으로 명랑하고 낙관적인 민족은 아니어서 기뻐하고 축하해야 할 분명한 이유가 필요하며, 그것이 아니라면 공식적으로 공휴일을 지정해 줘야 한다. 대신에 그렇게 할 경우, 활기 넘치게 즐기는 그들의 모습에 당신은 깜짝 놀랄지도 모른다.

가치의 전환

독일에 온 지 얼마 안 되었을 때 나는 뭔가 불만인 듯한 표정을 한 독일인 아가씨에게 대중교통이 시간을 매우 정확하게 지킨다고 칭찬했던 기억이 있다. "적어도 기차가 제시간에 오지 않습니까?" 예정표대로 시간에 맞춰 들어오는 기차를 보며 내가 말했다. 그러자 독일 아가씨가 뚱하게 대꾸했다. "맞아요. 독일에서는 모든 게 제시간에 맞춰 간다는 게 문제예요."

1980년대 초였던 당시는 독일 사회에서 가치들의 전환(이를 '베르테반델Wertewandel'이라고 부른다. 가치 변환이라는 뜻)이 막 시작되고 있었다. 1960년대 후반의 전설적인 학생운동과 여러 급진적 운동들과 함께 시작된 변화가 그 뒤로 30여 년간 독일 사회 곳곳으로 퍼져나가면서 독일인이 생각하고 행동하는 방식을 크게 바꾸었다.

독일 사회의 발전 방향을 고려한다면, 아마도 변화할 가치들에 대해 예측이 가능했을지 모른다. 제2차 세계대전 이후 황폐화된 나라를 재건하는 데 필요했던 가치들은, 전쟁을 겪은 세대가 거의 꿈도 꿀 수 없던 수준의 풍요를 일단 성취하고 나자 더 이상 필수적이지 않게 되었다. 침체기를 직접 경험해 본 적이 없는 젊은 세대는 "이렇게 부유한데 우리는 왜 행복하지 않을까요?"라고 묻기 시작했다.

그 결과, 독일의 번영을 도왔던 많은 가치들이 젊은 세대에게 단호히 거부당했다. 오늘날 독일 사회는 40년 또는 50년 전, 심지어 내가 이곳에 처음 왔던 30여 년 전과도 분명히 다르다. 변화는 앞으로도 계속될 것이며, 새로운 변화에 대한 회의가 기존 가치관을 재정립시키는 계기를 가져올 수도 있을 것이다. 독일인은 여전히 변화의 한가운데에 있으며 그들의 오랜 고정관념에서 더욱 더 멀어져 가고 있다(이런 추세는 물론 동서독의 통일 이후 더욱 뚜렷해졌다).

공공장소에서의 신체 노출

오늘날 독일 사회는 신문이나 잡지, 대중 사우나장이나 해변, 산책로 그리고 '관용 구역'이라는 합법적 매춘 구역에서 공공연한 신체 노출을 허용한다. 이는 종전 후 10여년간 지배적이었던 성적 수줍음과는 뚜렷한 대조를 보인다. 독일의 대부분 도시에서 매춘이 합법화되었지만 그래도 함부르크의 유명한 레퍼반Reeperbahn과 같은 몇몇 구역으로만 한정되고 통제되어 있다. 그럼에도 프랑크푸르트에서 관광객의 첫 시선이 닿는 곳, 철도역 바로 앞에 홍등가가 위치해 있어 많은 사람이 충격을 받기도 한다.

수많은 신문 잡지 가판대와 상점들에서는 표지에 나체 사진을 실은 잡지들을 눈에 띄게 배치하는데, 진열대 전체가 온통 그런 잡지들로 뒤덮일 때가 많다. 표지에 나체 사진을(주로 여성의) 싣는 것이 도색 잡지만의 일도 아니다. 때때로 시사지

〈슈테른Stern〉과 같이 진지한 출판물들도 판매 촉진을 위해 표지에 나체 사진을 싣는다. 요점은, 독일에서 뉴스 가판대나 잡지 선반 가까이에 간다면 사실상 이런 사진들을 피하기는 불가능하므로 점잖은 사회에서 온 외국인이라면 미리 충격에 대비하라는 말이다.

또한 해변이나 대중목욕탕, 공원, 강변에서는 완전한 나체를 실제로 보는 일이 전혀 드물지 않기에 충격이 더할 것이다. 몇 십 년 전까지만 해도 공공장소에서의 나체 노출을 스캔들로 여겼던 데 반해 지금은 일상이 되어버렸다. 이제는 그보다 나체인 사람을 빤히 쳐다보는 행동을 안 좋게 여긴다. 분명히 말하건데, 나체로 일광욕을 즐기는 사람들은 다른 누군가가 함께해 주기를 전혀 바라지 않는다. 혼자 일광욕을 즐기는 사람에게 다가가는 행동은 매우 공격적으로 받아들여지며 주변 사람들로부터 신랄하게 비난받는다.

겨울에 대중 사우나장에서 주요 부위의 옷을 벗는 것은 선택이 아니라 필수 사항이다. 옷을 벗은 채 땀을 흘리고 있는 이성들에게 둘러싸이는 것이 불편하다면 대중 사우나장에 가지 마라. 많은 아시아인이나 미국인들이 그러하듯 수영복을 입고 사우나장에 들어서면 오히려 주변 사람들의 눈총을 사게 된다. 나는 사우나장에서 수영복을 입은 사람에게 그것을 벗으라고 요구하거나 내쫓는 사례를 종종 보았다. 사우나장에서는 옷을 입는 것이 비정상이므로 그런 요구는 부당하지 않다(대신에 큰 수건을 가져와서 깔고 앉거나 땀을 닦는 것은 허용된다).

수줍은 여성들을 위해, 많은 사우나장이 밤에 여성 전용 사우나를 운영하기도 한다. 불행히도 수줍음 많은 남성을 위한 남성 전용 사우나장은 아직 본 적이 없다.

공원에서 햇빛을 즐기는 사람들. 독일 사회가 가치 전환기를 지난 후
공공장소에서의 노출이 더욱 확대되고 있다.

마약류

독일에 처음 온 사람들이 상점에 가서 놀라는 또 한 가지 사실은, 독일 사회가 마약 사용에 대해 매우 개방적이라는 점이다. 이른바 '약한 마약'의 개인 소비는 독일 대법원의 1994년 4월 판결에 의해 사실상 처벌에서 제외되었고, 심지어 중독성이 강한 마약도 여러 관할 구역에서 용인하는 정책을 수용했다. 물론 강한 마약은 특정 도시의 일정한 '허용 구역'에서만 사용할 수 있다. 베를린과 함부르크, 프랑크푸르트는 마약 중심지로 악명이 높은 반면, 바이에른과 니더작센 같은 주에서는 모든 마약에 대해 강경책을 취한다.

이따금, 특히 주요 시의원 선거를 앞둔 시기에는 여러 도시에서 마약 사용에 대한 강력한 단속안을 발의하기 때문에 마약 중독자들이 갑작스레 어디론가 사라지기도 한다. 이런 임시 방책에도 불구하고 몇몇 도시에서는 마약 문제가 걷잡을 수 없이 확산되어 경찰들도 어깨만 으쓱하고 지나갈 만큼 만성화된 경우가 많다. 그 결과 베를린이나 프랑크푸르트, 함부르크와 같은 도시들에서는 기차역 주변과 같은 공공장소에서 마약 중독자가 마약 주사를 놓는 광경을 심심치 않게 목격할 수 있다.

종교

독일에서 가장 크고 강력한 정당 중에 기독교민주연합(Christlich-Demokratische Union)과 기독교사회연합(Christlich-Soziale Union)이 있다. 두 정당의 이름에 '기독'이라는 명칭이 붙은 것을 보고 아마 독일이 부분적으로는 신정神政 국가일 것이라고 생각할지도 모르겠다. 그러나 사실은 그렇지 않다. 오늘날 독일의 공적 생활에서 기독교는 거의 무시해도 될 정도로 영향력이 없다. 개인 생활에서 종교적 신념이 가장 중요한 부분을 차지하는 반면에 일반적으로 정치에서는 종교를 내세우지 않는다. 압도적 다수가 종교적 토론을 매우 불편해하고 그렇다는 입장을 분명히 밝힌다.

물론 주요 교단이 사회 경제적 현안들에 대해 종종 공개적으로 발언하기도 하지만 그들의 충고를 국민의 대표들은 대체로 무시한다(1990년대 낙태법 자유화를 가장 강력하게 지지했던 정치가들 중 몇몇은 표면상으로는 독실한 가톨릭 신자들이었다).

역설적이게도 독일은 다른 민주주의 국가들에서 볼 수 있는 것처럼 교회와 정부가 엄격히 분리되어 있지 않다. 가령 독일의 법정 휴일 15일 중에 12일이 기독교의 축일이다. 게다가 주요 교단은 그 교단의 공식 회원들이 낸 세금의 지원을 받고 있다. 그러나 독일인 중 단 16퍼센트만이 가톨릭교회에 정기적으로 출석하고 있는데, 이 비율은 개신교로 인해 점점 더 낮아지고 있다.

1990년대에 실시한 수많은 여론조사에 따르면 실제로 신을 믿는다는 시민보다 더 많은 수가 교회에 소속되어 있었다. 이는 독일 사회에서 교회의 회원이라는 자격이 사회적 기능 면에서 중요한 역할을 보장한다는 것을 보여 준다.

한편 종교단체의 회원으로 공식 등록하면 나중에 탈퇴할 때 번거롭고 오랜 시간이 걸리는 절차를 밟아야 하는데, 이런 불편함에도 불구하고 요즘은 많은 사람이 공식적으로 교회 회원에서 탈퇴하고 있다. 독일 가톨릭교회는 약 70만 명의 회원이 등록을 취소했으며, 독일 개신교는 이런 추세가 계속된다면 2030년에는 현재 등록 회원 중 3분의 1을 잃을 것이라는 우울한 예측을 내놓았다. 이상한 현상이지만(또는 이상하지 않을 수도 있겠지만) 이전 교황인 베네딕토 16세가 자신의 고향이자 많은 주민이 가톨릭 신자인 바이에른 주를 방문할 때마다 그곳 성모 교회의 공식 회원이 더 많이 빠져나가기도 했다.

자신의 신앙을 대중에게 공공연히 드러내는 유일한 종파로 여호와의 증인과 통일교가 있다. 여호와의 증인은 전도 프로그램을 운영 중이고, 종종 새 신도를 모집하기 위해 집집마다 다니기도 한다(개인의 가정집을 침입하는 것에 대해 독일인이 어떤 느낌을 받는지에 대해서는 이미 살펴봤다). 독일인은 또한 고루하고 둔감한 모르몬교도들도 특이하게 여긴다. 모르몬교도들이 여기저기 다니며 적극적으로 전도하고 자신들의 신앙을 광고하기 때문인데, 이런 전도 방식은 독일에서 잘 통하지 않는다. 그러니 당신이 독일에서 종교적 믿음을 공공연히 떠들고 다닌

베를린의 아름다운 건축물로 손꼽히는 카이저 빌헬름 기념 교회.
안타깝게도 제2차 세계대전 때 건축물 중 일부가 파손되었다.

다면 약간 이상하고 심지어는 피해야 할 사람으로 취급받을 수 있다는 점을 명심해 둬라.

법질서

독일에서 거주하는 대다수 시민이 법을 훌륭히 준수하지만 최근 수십 년간 독일의 범죄 발생률은 큰 폭으로 증가했다. 이 역시 권위의 약화와 종교의 소외를 비롯한 주요 가치들이 변화한 결과일 것이다. 사회 안전망의 파괴도 의심할 여지없이 영향을 미쳤다. 다른 몇몇 서구 사회와 비교하면 독일의 범죄율은 여전히 낮은 편이지만, 법을 잘 지키는 시민들의 요새였던 독일을 기억하는 많은 독일인과 독일에 오래 거주해 온 외국인들은 이런 변화에 매우 불안해한다.

오늘날 독일에서 가장 많이 발생하는 범죄는 신체가 아니라

재산에 대한 것이다. 빈집털이 범죄가 10년도 안 되는 사이에 3배로 껑충 뛰어올랐다. 1990년대 초반 프랑크푸르트의 안전한 중산층 구역 중심가에 위치한 우리 아파트에 2년 동안 최소 3회 강도가 들었다. 내가 사는 집에 침입한 초보 강도는 억지로 들어오려다가 소동을 일으키는 통에 한 이웃에게 들켰고 그 이웃이 경찰에 신고하는 바람에 물건에는 손도 못 대고 달아나버렸다(그리고 얼마 못 가 붙잡혔다). 나는 운이 좋았지만 아주 그렇다고 할 수도 없었다. 부서진 문의 수리비용을 내가 부담해야 했기 때문이다.

이런 사고를 겪은 뒤 아파트에 사는 주민 모두가 도난사고에 대비해 현관문에 이중 잠금 장치를 하는 등 더욱 주의를 기울였다. 경찰서에서는 여러 언어로 작성한 유용한 팸플릿을 제공했다. 요약하면, 조그만 위험이라도 항상 예방하라는 것이다.

범죄와 처벌

범죄가 급증하는 원인은 하나가 아니겠지만 많은 독일인은 형사법원의 지나친 관대함도 그 원인이라고 생각한다. 외국인이나 유대계 독일인을 살해한 몇몇 사건이나 신나치주의 관련 평결을 보면 확실히 그 점을 부인할 수 없다. 그밖에 테니스 선수 모니카 셀레스의 등을 칼로 찔러 사실상 경력을 끝맺게 한 슈테피 그라프의 광팬에게 2년의 집행유예를 선고하고, 인터넷 공개 광고를 통해 사람을 살해하고 인육을 먹은 악명 높은 살인마에게 짧은 형을 선고한 것은 문제가 될 만했다.

많은 판결과 관련한 독일 법원의 특징 또한 그 자체로 독일 역사의 유산이라 할 수 있다. 나치 시대에 법정의 악랄함과 독단적 성격으로 크게 비난 받았을 게 분명한 독일 판사들은, 피고의 권리를 보호하고 범인의 동기를 이해하며 어떤 판결도 부당하거나 가혹하다고 평가받지 않도록 안간힘을 썼을 것이다. 그 결과 1949년 서독 기본법에서 사형제도가 폐지되었다.

마치 위험한 곡예와도 같은 이런 비상한 노력은 때로는 해외의 분노를 샀다. 누구나 무엇이 옳고 그른지 알았고, 옳은 일을 하면 보상받고 잘못을 저지르면 벌 받았으며, 모두가 공공의 안전에 기여했던 시대가 있었다. 오늘날 독일인은 그런 시절을 회상하면서 쓸쓸하게 의문을 품을 뿐이다. 우리는 그게 무엇이든 주요 가치들이 변하는 시기에 살고 있고, 또다시 숲에서 길을 잃은 채 불확실성과 어둠을 두려워하는 어린아이들과 같아졌다. 다행히 독일인은 모든 것에 대해 걱정할 줄을 안다. 그렇지 않은가?

4

독일 사회 들여다보기

모든 사람이 외국인이다. 거의 모든 곳에서.

– 독일의 반외국인혐오 캠페인의 구호

외국인 문제

1945년 후반으로 잠시 눈을 돌려보자. 독일은 완전히 파괴되었다. 공장들은 박살이 났고 농업 기반은 황폐해졌으며 주요 도시와 마을은 잔해 더미로 뒤덮였다. 12년 동안 스스로 '지배자 민족'이라면서 세계를 통치하려 했던 독일이 하루아침에 다른 나라 사람들에게 점령당한 것이다. 그중 일부는 그들이 경멸하라고 가르쳤던 피부색이 다른 인종이었다.

나치 독일이 무너지고 나서 4년 뒤 서쪽의 세 구역이 민주공화국으로 통합되었을 때, 누구든 이 나라에 정치 망명권을 신청할 수 있는 절대적 권리가 공화국 새 헌법에 명시되었다. 나치 시대에 저지른 범죄에 대한 속죄인 동시에 많은 유대계 독일인과 정치적 반체제 인사들이 1930년대 후반에 다른 나라에서 망명권을 얻지 못해 죽었다는 사실을 인정한 이 법은, 1949년에 통과될 당시에 실제로 효력이 있었다기보다 상징적 의미로 받아들여졌다. 사실 당시에 얼마나 많은 박해의 피해자들이, 산산이 부서져 자기 국민조차 제대로 먹이고 입히고 재울 능력이 없는 독일로 피난을 오려고 했겠는가?

이제 몇 년 전으로 올라가 보자. 투지가 대단한 독일인은 낙관주의자들의 예측마저 뛰어넘어 나라를 빠르게 재건하며 놀라운 경제성장을 이루어낸다. 이를 '라인강의 기적'이라 부른다. 1950년대 중반 독일 경제는 엄청나게 회복되고 사실상 노동력 부족에 맞닥뜨린다. 이를 해결하기 위해 비숙련 및 반숙

> 금지되지 않은 모든 것이 허용된다.
> – 프리드리히 실러, 《발렌슈타인 진영》

런 노동자들을 처음에는 남부 유럽에서, 그 다음에는 소아시아나 북아프리카와 같은 해외에서 적극적으로 모집한다. 1970년대 초 전 세계가 독일 경제의 우위를 인정하고 부러워하던 시기에 이른바 '가스타르바이터Gastarbeiter(손님 노동자라는 뜻)'라고 하는 외국인 노동자와 그 가족의 수가 410만 명에 이르렀다. 런던에 사는 한 터키인 친구는 이렇게 지적한 적이 있다. "독일인은 식민지 건설에 관한 한 지독히도 영리해. 그냥 나가서 식민지 이민자들을 불러오지 않았소."

현재로 돌아오자. 독일 내 외국인 거주민 수가 8260만 인구 중 820만 명으로 불어났다(이 숫자는 외국에서 태어나 외국인 여권을 소지하고 있는 사람을 포함한다). 뚜렷한 단일민족 국가였던 독일은 짧은 기간에 독일인과 극히 다른 문화권에서 온 사람들로 구성된 대단히 다문화적인 사회를 이루었다.

이제는 손님 노동자들만이 아니다. 독일은 급진적 자유주의 망명법의 혜택을 받고자 하는 정치 망명자들이 가장 매력적으로 여기는 나라가 되었다. 1980년에서 1992년 사이 망명 신청자 수가 4배 증가해 43만 8191명이라는 기록을 세웠다. 그 후로 독일은 관련법을 강화하고 지침을 엄격히 적용해 이 수치를 매년 크게 줄이고 있다.

더욱이 유럽 통합 과정이 계속 진행됨에 따라 독일인은 '국경 없는 유럽'이라는 새로운 환경에 적합한 유럽인의 정체성에 대해 생각하게 되었다. 이런 모든 요소가 결합되어 혼란스러운 오늘날 나이와 계층, 신앙을 막론하고 대다수 독일인이 외국인 문제를 어떻게 생각할지 짐작할 수 있을 것이다.

독일 사회에서 '외국인 문제(ausländer problem)'라는 말은 종종 불길하게 들린다. 독일 근대사의 그림자를 떠올려 보면 독일인은 이런 문제가 발생했을 때 하나로 뭉쳐 범국가적으로 해결하려는 경향을 보였다. 외국인 문제와 관련해 제시된 해결책들은 서로 극단적으로 다르게 나타나기도 하는데, 독일에서 일정 기간 이상을 산 외국인에게 이중국적을 부여하는가하면 독일에서 태어나고 오랫동안 생활해 온 외국인을 본국으로 송환하는 경우도 있었다.

불과 몇 십 년 안에 이루어진 급격한 외국인 증가에 대해 대다수 독일인은 당황스럽다는 반응이다. 오늘날 독일인이 가장 흔히 하는 말은 "나는 정말로 외국인을 반대하지 않지만 그들이 독일 밖으로 나갔으면 해요"라는 식의 모순된 불평이다. 그 말에 의도적인 비꼼이나 암시는 없을 테지만 그들이 말하는 외국인이 '모든' 외국인을 뜻하지 않는다는 것을 애매하게 감지할 수 있다. 물론 지금처럼 소득이 줄고 테러가 위세를 떨치며 긴장감이 감도는 시대에는 미국이나 영국, 호주와 같이 전통적으로 외국인을 환대하던 나라들에서도 반 이민 정서와 심지어 이민 제한법까지 생겨나고 있는데, 어떤 나라에서 새로 들어오는 외국인을 환영만 하겠는가.

불행히도 과거에 많은 사람이 독일의 인도적이고 자유주의적인 망명법을 남용하려 했다. 철의 장막이 붕괴한 직후에는 주로 동구권의 불법 이민자들이 몰려와 건설 현장 같은 곳에서 법정 최저 임금보다도 낮은 대우를 받으며 일을 했다. 오늘날 독일 시민들은 '박해 받는 망명자를 위한 망명 허용'이라는 개념의 관련법에도 염증을 느끼고 있다. 과거 얼마 안 되는 기간에 잠깐 있었던 일이지만 많은 독일인이 지금까지 지쳐있는 게 사실이다.

누가 독일인인가

독일이 외국인에 관한 딜레마에서 벗어날 수 있는 최선의 방법은 아마도 '누가 독일인인가?'라는 물음과 함께 찾을 수 있을지 모르겠다. 이 물음에는 법적인 측면과 상식적 측면 두 가지로 답할 수 있다. 법을 존중하는 독일인의 문제이니 법적인 측면에서 먼저 답을 찾아보겠다.

독일은 시민권을 여전히 '혈통'에 기반하고 있는 세계에서 몇 안 되는 나라에 속한다. 독일인이란 '독일인의 혈통'을 가진 사람이라는 법적 정의는 제정기인 1913년에 통과된 법으로 거슬러 올라간다. 독일 연방공화국에서 제정된 법률 대부분은 나치 시대의 오용을 개정하는 데 심혈을 기울였지만, 분명 '인종 의식적' 태도에 기초했을 국적법은 나치 시대처럼 직선적이고 오만하게는 아니겠지만 용케 살아남았다.

이 국적법을 적용하면 이례적 상황이 발생한다. 가령 루마니아나 폴란드 또는 구소련 지역에서 온 이민자들은 이전에 한 번도 독일에 와본 적이 없고 독일어는 한 마디도 못하며 독일인의 생활방식에 전혀 익숙하지 않더라도, 수백 년 전 조상이 독일 땅에서 살았기 때문에 자동적으로 독일 시민권을 요청할 수 있다. 반면에 독일에서 나고 자란 터키인, 이탈리아인, 크로아티아인, 스페인인, 모로코인은 부모님의 조국에 한 번도 가본 적이 없고 그 대신 독일어를 완벽하고 유창하게 말해도 독일 사회에서 자격을 갖춘 시민으로 인정받지 못하기 때문에 물 밖에 나온 고기처럼 평생 불편하게 살아간다. 두 번째 그룹의 사람들은 한시적인 이중국적을 갖고 있어서 만 18세에서 23세 생일 사이 언젠가는 하나의 국적을 선택하고 다른 하나는 버려야 한다.

상식이 있는 사람이라면 두 번째 그룹이 진정 독일인이고 첫 번째 그룹은 아니라고 주장할 것이다. 이 책에서 접근하는 방식도 그렇다. 이 한시적 이중국적자들은 검은 머리에 검은 눈, 또는 피부가 거무스름할지 몰라도 행동 방식은 아주 사소한 것까지 독일인임을 입증한다. 본국과 관계가 끊어진 이민자 아이들이 특히 그렇다. 실제로 독일의 대도시에서는 좋든 싫든 수많은 '독일인 아닌 독일인들'(out-German the Germans)과 날마다 마주친다.

지난 몇 년 사이 독일 정부는 외국인이 독일 국적을 취득하려 할 때 필요한 거주 기간을 단 8년으로 절반이나 줄이고 국적 취득 절차도 전보다 쉽게 했다. 그러나 독일 국적을 취득하려면 여전히 독일에 대한 충분한 지식을 갖췄음을 입증해야 하고, 범죄 경력이 없어야 하며, 독일 헌법 엄수를 약속하고, 자신의 생활비를 벌 능력을 증명해야 한다.

이민자는 없다?

이 문제에서 너무나 혼란스러운 점은, 공식적으로 독일에는 아주 오랫동안 이민 정책이라는 게 없었다는 사실이다. 말 그대로 독일법은 독일 땅으로의 이민을 인정하지 않았다. '독일인의 혈통'이라는 혜택 없이 독일 땅에 들어오는 외국인들은 그저 '손님 노동자'라는 항목으로 분류되었을 뿐이다. 어쩌면 필연적으로 이 때문에 수많은 혼란과 골칫거리가 생기고 많은 사람이 감정을 상했는지 모른다.

불과 20여 년 전부터 독일 연방의회와 주의회뿐 아니라 독일 사회 전역에서 독일이 실제로 이민의 나라, 즉 '다문화국가'인지를 두고 여러 차례 논쟁이 일었다. 그리고 외국 인재

© Frank Gaertner

오늘날 독일 인구 중 약 10퍼센트가 다른 나라에서 온 사람들이지만,
독일인 중에는 아직도 '순수 혈통'을 독일인의 조건으로 보는 사람들이 많다.

유입에 박차를 가할 목적으로 마련된 이민 관련 법안이 2002년 후반 보수 야권의 반대에 부딪혀 부결되었다. 그러자 연방정부는 이민 의도를 좀 더 독일 헌법의 원칙에 부합하도록 고친 수정법안을 재발의했고, 2004년 6월에 이르러서야 독일 사상 최초의 이민 법안이 통과되었다. 그것도 연방정부가 하원을 통제하는 보수 야당들에게 크게 양보하는 조건에서였다.

말하자면 독일이 공식적으로 다문화국가임을 선포한 것은 새 이민법(Zuwanderungsgesetz)이 발효된 2005년에 와서의 일이다. 하지만 독일 사회에서 외국인에 대한 시선이 크게 달라졌다고는 아직 보기 어렵다. 그 한 가지 원인은 많은 독일인이 평생을 독일에서 거주한 사람들조차 순수 독일 혈통이 아니면 독일인으로 인정하기를 거부한다는 데 있다.

외국인 사회의 중요성

독일에서 10년, 20년 이상 살고 있는 외국인조차 이웃에게 '손님 노동자'로만 여겨진다는 사실은 외국인을 언제까지나 일시적인 손님으로만 보겠다는 우려할 만한 사회 풍조를 보여준다. 2002년 자료에 의하면 독일에서 외국인으로 공식 등록된 인구의 3분의 1이 이미 30년 이상 독일에서 거주한 사람들이고, 50퍼센트 이상은 적어도 20년이 넘는 세월을 독일에서 보냈다.

앞서도 언급했듯이 독일에는 불법체류자도 분명히 존재하지만 그 몇 배에 달하는 외국인 거주자가 독일인처럼 세금을 내고 법규를 준수하며 살아가고 있다. 이들은 독일 정부의 건강 및 주택 보조 기금에도 기여하는 바가 크다. 비록 독일인처럼 온전한 혜택을 누릴 수는 없지만 말이다.

간단한 예를 하나 들어보겠다. 만일 독일에 사는 외국인들이 전부 다 내일 당장 독일을 떠난다면 으스대던 독일 경제는 붕괴 직전까지 비틀거릴 것이다. 주요 사업체들에서 핵심 인재들이 빠져나가고 은행들은 주요 외국 전문가들을, 독일 회사와 정부 기관은 외국 파트너와의 중요한 연결 고리를 잃을 것이다. 공장과 광산은 운영이 중단될 테고, 쓰레기로 가득한 거리의 수많은 상점과 식당들이 판매원을 비롯한 직원들을 간절히 기다리다 문을 닫을 것이다. 주말에 온 나라를 즐겁게 해주던 독일 오락 산업계에서 수많은 외국인의 손실 역시 말할 필요도 없다.

조금만 정직히 생각한다면 현대 독일 사회에서 외국인이 차지하는 중요성을 누구나 인정할 것이고, 사실이 그렇다. 그러나 불행히도 모든 독일 시민이 외국인의 기여도를 충분히 인정하는 것은 아니다. 낮은 수준이기는 하지만 여전히 불안한 외국인 혐오증(ausländerfeindlichkeit, 아우슬랜더파인들리히카이트)이 번식하고 있다. 실제로 당신이 독일에서 살려고 할 때 걱정스러운 점은 이런 진부한 감정들보다 그것이 치명적인 형태로 나타난 스킨헤드족이나 신나치주의자들과 마주치는 일일 것이다.

스킨헤드 현상

당신이 독일로 이주할 계획이라고 말한다면 아마도 친구들이나 고국의 지인들은 독일 전역을 행진하는 수많은 신나치주의자들의 무리와 외국인 가정이나 사업체, 예배 장소에 대한 그들의 공격에 대해 늘어놓으며 강력히 반대할지 모른다. 그러나 장담하건데, 이런 현상이 텔레비전에서 보도하듯 그렇게 확산된 지역은 전 세계 어디에도 없다.

어떤 사람들은 나치 시대의 경험을 교훈 삼아 독일인에게서 지독한 외국인 혐오증이 씻겨 나갔으리라고 생각할지 모른다. 아니 그랬기를 바랄 것이다. 그러나 불행히도 그 쓰라린 교훈이 독일인 모두에게 영향을 미치지는 못했다. 얼마 전에 실시한 한 여론조사에 따르면 독일인의 15퍼센트가 반 외국인 성향을 강하게 보였고, 15퍼센트는 '분명한 반 유대주의자'로 나타났다.

여전히 많은 독일인이 주변에서 수십 년째 살고 있는 외국인들에게까지 두려움과 불신, 오해를 품고 있다. 가령 내가 아는 고등교육을 받은 한 독일인은(그는 법을 공부하고 있다) 독일에서 일어나는 범죄의 80퍼센트가 외국인들에 의해 저질러진다고 장담했다. 그의 주장을 뒷받침할 만한 근거나 통계 수치는 전혀 없는데도 말이다.

많은 사람이 이런 사악한 억측에 너무나 익숙하다는 데 심각한 문제가 있다. 외국인은 물론이고 외국인과 관련한 모든 것을 증오하는 스킨헤드족이나 신나치주의자들에 대한 이미지와 보고들은 이념보다는 사회 심리적 병리학과 더욱 연관이 있다.

신나치주의에 소속된 독일인이 극소수인 것은 사실이다. 그러나 슬프게도 꽤 많은 독일인이 신나치주의자들의 최종 결론, 의견 표출 방식, 패션 기호는 거부하면서도 외국인에 대한 관점에는 크게 동의하고 있다. 얼마나 많은 독일인이 이런 그룹에 속하는지는 단정하기 어렵지만 외국인들이 편안히 생각할 수준보다는 많다.

© rkl_foto

길에서 만난 스킨헤드족. 신나치주의자들과 함께 독일 사회에
여전히 인종 차별적인 그림자를 드리우고 있는 위험한 그룹이다.

밝은 측면

반면에 밝은 측면도 있다. 독일에 외국인이 오는 것을 환영하는 독일인도 많다. 이들은 '외국인 시민들'(ausländische mitbürger, 아우슬렌디셰 미트뷔어거)의 풍부한 기여 덕분에 독일이 더욱 부유하고 흥미로운 나라가 되었다고 진심으로 믿는다. 내가 15년 넘게 살고 있고 독일의 다른 어느 대도시보다 외국인 비율이 높은 프랑크푸르트에서 실제로 스킨헤드족을 그렇게 많이 보지 못했다고 하자 많은 외국인이 나를 의심스럽게 바라보았다. 그러나 사실이 그렇다. 또한 자주 방문하는 베를린이나 가끔 들르는 동부의 주요 도시들에서도 단 10여 명의 스킨헤드족만 보았을 뿐이다. 당신과 마찬가지로 내가 독일 신나치주의자들을 가장 많이 본 곳은 아마 텔레비전 화면일 것이다. 맞다. 그들은 이곳에 있고 이론적으로는 불법이지만 행진과 시위를 하는 곳에 상당히 많이 모인다(나치 사상 또는 관점 유포는 독일법을 위반하는 행위이다). 그러나 이곳에 사는 외국인 대부분의 일상에 위협이 될 정도는 아니다.

외국인 서열

외국인들 중에도 복잡하게 들어가면 독일인이 고안 또는 인정한 뚜렷한 서열이 존재한다. 가령 나는 북유럽 혈통으로 조상이 아일랜드 출신임을 한눈에 알 수 있는 용모를 지녔다. 이로 인해 나는 많은 독일인 사이에서 피부가 검은 사람들보다 더 존중받는다.

나는 이런 식의 편견을 독일에 온지 얼마 안 되어 집을 구하러 부동산 중개인을 찾아갔을 때 절실히 깨달았다. 내가 관심 있는 가격대를 말하자 중개인은 그 가격대에서 이용할 수 있는 집들의 목록을 보여 주었다. 그러나 거의 모든 집들에 '외국인 사절(Keine Ausländer, 카이네 아우슬랜더)'이라는 험악한 경고문이 붙어있었다. 내가 이용할 수 있는 집이 사실상 다 막혀 있다고 투덜대자 중개인은 서둘러 나를 안심시켰다. "오, 걱정 마세요. 여기서 말하는 외국인은 당신 같은 외국인을 말하는 게 아니랍니다."

그때 나는 이 나라에서 편협하게 사용하는 '외국인'이라는 말이 특별히 비 북유럽계 외국인만을 의미한다는 사실을 알았다. 이것이 내가 편향된 독일인이 집착하는 악독한 서열을 알게 된 계기이다.

이 짧은 일화가 보여 주듯이 독일에는 차별금지법이 없다. 이런 불공평한 처사에 맞서 싸우는 법규가 부분적으로 유럽연합의 발의로 독일 전역에서 시행되고 있기는 하지만 실제적으로는 주택 소유주나 식당 주인이 단지 상대가 자신이 원치 않는 인종 또는 민족 그룹에 속한다는 이유로 세를 주거나 접대하기를 거부할 수 있다. 가끔 어떤 그룹의 외국인들의 입장을 금지하는 디스코텍을 제외하면, 상점에서 외국인 손님을 거부하는 경우는 거의 발생하지 않을 것이다. 대신에 냉랭하고 퉁명스러운 태도로 손님을 대하는 경우는 흔하다. 제7장에서 설명하겠지만 이런 일은 외국인이나 독일인을 막론하고 모든 손님이 겪을 수 있다.

물론 당신을 계층상 더 높거나 낮은 단계로 확정 지을 요소가 이것 말고도 더 있다. 가령 독일에서는 영어가 매우 인기 있으므로 영어를 모국어로 쓰는 사람은, 독일인이 낮춰 보거나 또는 가늠할 수 없는 언어를 모국어로 사용하는 사람들보다 엄청난 이익을 누린다. 이탈리아어와 프랑스어는 영어만큼 경제적 가치가 크지는 않아도 역시 인기가 있으므로 이 언어 사용자도 계층상 영어 사용자 바로 아래로 바짝 올라간다. 기독교인도 비기독교인 또는 문화적 위협으로 인식되기도 하는 이슬람교도보다 훨씬 높게 취급받는다. 이슬람교도는 2001년 이후부터는 안보 차원에서 실제적 위협으로 받아들여지고 있다(911 자살 폭탄 테러범들의 중심부가 함부르크에서 음모를 꾸몄다는 사실을 기억하라).

또한 독일 경제에 이익을 주는 직업을 갖고 있다면 더 많은 존중을 받을 수 있다. 이에 반해 비숙련직 또는 반숙련직으로 일한다면 독일 사회에서 하층민으로 평가받을 것이다. 독일인은 자신들이 이런 면에서 높은 점수를 준 외국인들과 사적인 대화를 할 때 그들이 가진 편견을 털어놓기도 한다.

이처럼 피해망상적인 독일인의 서열 매기기에 대비해 마음을 단단히 먹는 게 중요하다. 일반적으로 많은 독일인이 낯선 사람에게 지나치게 친절하지 않다는 사실을 항상 명심하라. 그들의 무심한 눈초리나 차가운 응시, 쌀쌀맞은 응대 또는 당신의 존재를 무시하는 듯한 태도가 실제로는 당신의 피부색이나 억양, 출신지와는 거의 관련이 없을 가능성이 크다.

독일식 다문화주의

금발에 파란 눈의 키가 큰 사람들이 가득한 땅이라는 독일의 이미지는 비공식적 이민자들이 넘쳐나는 오늘날의 독일 현실과는 매우 동떨어져 있다. 물론 파란 눈에 금발을 한 키가 큰 독일인도 볼 수 있겠지만 대부분 대도시에서는 그만큼의 지중해인, 동남아시아인, 아프리카인 또는 남부 독일의 피부색이 짙은 사람들과 마주칠 가능성이 크다. 이런 부류 사람들이 지난 몇 십 년 동안 기하급수적으로 증가해 독일 문화 진빈을 대단히 풍요롭게 만들었다.

아이러니컬하게도 외국인이 독일 사회에 완전히 동화되는 것에 대한 저항은 사실상 여러 면에서 독일 사회에 도움이 되었다. 독일은 다양한 외국인 공동체들이 그들의 주류 문화에 흡수되도록 강요하는 대신, 여러 갈래의 문화적 지류가 주류와 나란히 흐르도록 허용함으로써 다문화를 확장시켰다. 사실 대도시에서 산다면 독일의 전통 문화와 전혀 마주치지 않고도 풍족하게 사는 일이 가능하다.

다문화주의 장려

얼마 전부터 독일 당국과 비정부기구들은 독일에 이식된 다양한 외국 문화가 활짝 피어나도록 허용하고 격려하는 일이 중요하다는 사실을 인식했다. 이런 변화는 1990년대 초부터 분출되기 시작한 외국인에 대한 일련의 잔인한 공격들에 대한 반작용으로 더욱 강화, 확대되어 왔다. 그 결과 상당한 액수의 정부 자금과 비정부기구 기금이 독일에 사는 외국인 공동체를 이해하고 그들의 문화를 장려하는 사업으로 흘러들어 갔다.

오늘날 크건 작건 독일의 많은 도시에서는 외국인이 가장 밀집한 프랑크푸르트암마인Frankfurt am Main(프랑크푸르트의 공식 명칭. =역주)의 선례를 따라 공식적인 다문화 부서를 열고, 이를 통해 다양한 비독일 문화 그룹의 활동을 조직화, 활성화하며 때때로 모금활동도 벌인다. 다문화 부서는 또한 이주한 지 얼마 안 되는 외국인 거주민들에게 광범위한 자문 서비스를 제공하는데, 특별히 독일어가 부족한 사람들은 관공서에 갈 일이 있을 때 큰 도움을 받을 수 있다.

심리적 장애물

독일에서 얼마나 오래 살든 상관없이 외국인이 독일 사회에 완전히 동화되기란 불가능하다. 그러므로 시도도 하지 마라. 외국인이 미국인이나 캐나다인, 호주인, 아르헨티나인이 되듯이, 또는 몇몇 다른 국적을 얻듯이 독일인이 되기란 불가능하다. 꼭 독일에 동화될 필요도 없다. 독일 사회를 다양하게 할 수 있는 당신 고유의 특성과 관점을 제시하는 게 때로는 훨씬 나으니 말이다. 다만 독일에서 사는 외국인들이 익숙해져야 할 심리적 장애물이 몇 가지 더 있기는 하다.

예의와 친절은 선택 사항

일상적으로 예의를 지키고 낯선 사람에게 상냥하고 공손하게 대하는 문화가 사회 전반에 배어있는 나라에서 온 사람이라면 독일에서 일상적으로 마주치는 무례함에 깜짝 놀랄지 모른다. 여기서는 사교적인 인사말을 주고받는 일도 드물다. 당연한 예의가 슬프게도 이 지역에서는 희귀한 것일 수 있다. 낯선 사람에 대한 독일인의 확고부동한 태도는 보통 차가움과 의심을 넘어 단호한 무시로 나타난다.

서비스? 그게 뭐야?

많은 사회에서 도시의 거리는 점점 더 익명성의 현장이 되어가고 있다. 그러나 이보다 더한 충격이 당신을 기다리고 있다. 독일의 많은 상점이나 은행 서비스 창구에서는 새로 온 고객을 미소 대신 노려보는 태도로 맞이한다. 또한 이 둘보다 더 흔한 것이 있으니 의무적인 응대와 따분한 표정이다.

다행히도 최근에 나는 이 점에 관한 한 매우 긍정적인 변화를 목격했다. 많은 사업체에서 적의와 무례한 태도가 고객 유치에 좋은 방법이 아님을 알아차리고는 고객이 환영받는 기분을 느끼도록 판매 직원을 훈련하기 시작했다. 지난 몇 년 사이 독일의 서비스산업 종사자들이 호의적인 분위기로 변화된 것은 나를 포함해 많은 사람에게 유쾌한 충격이었다. 그런데 흥미롭게도 판매원이나 심지어 몇몇 고객은 이런 변화에 불쾌감을 표한다. '얄팍한 미국식 친절' 같다는 것이다. 아무튼 모든 사람을(특히 그게 고객일 때는) 만족시킬 수는 없는 법이다.

언제든지 튀어나오는 오만함

독일인이 예의 없고 상냥하지 않다는 인상은 종종 그들의 오만함이나 다 안다는 태도로 인해 더욱 악화되기도 한다. 이런 태도에 대응하는 방법을 모른다면 대단히 거슬릴 수 있다. 비즈니스 상황, 특히 상점에서 이들의 오만한 태도는 자주 마주치게 되는데, 심한 경우 고객은 직원으로부터 과분한 호의를 받고 있을 뿐 아니라 마치 자신이 뻔뻔하게도 대단한 분에게 도움을 요구하고 있다는 느낌마저 받을 지경이 된다. 한 노련한 망명자는 이렇게 분통을 터뜨렸다. "나는 이 빌어먹을 사람들과 거래를 하고 있었소. 그런데 이들이 마치 나를 걸인 대하듯, 내게 큰 은혜라도 베풀듯 행동하는군요!"

프랑크푸르트에 있는 인기 쇼핑몰, 마이차일의 내부 인테리어.

독일인이 가장 살고 싶고 하는
도시, 뮌헨의 구시가지.

냉전의 상징이었던 찰리 검문소가 남아있는 베를린 거리. 동쪽으로는 과거 동독군 사진이, 서쪽으로는 연합군 사진이 크게 걸려 있다.

McDonalds
McCafé
Werben
Laternen!
GIFTS
EINST
BERLIN LOVERS
TAXI
B TA 2380
© ilolab

베를린 프렌츨라우어베르크의 인상적인 건물 벽화. 예술가들의 도시 재생 프로젝트로 주목을 받았던 곳이다.

© carol.anne

역사도시 드레스덴의 랜드마크인 성모교회. 2차대전 때 폭격으로 거의 붕괴된 건물을 독일 통일 후 거의 복원한 상태다.

제발 조심하세요

독일 보행자들은 주변 사람들과 자주 부딪힌다. 구체적인 통계 자료는 없지만 길에서 부딪히는 문제만 놓고 본다면 독일은 주변 다른 나라들을 월등히 앞지를 것 같다. 보도에서 사람들과 부딪히지 않고 여유롭게 걷고 싶다면 홍콩 같은 곳을 여행하는 게 차라리 나을지 모르겠다.

주범은 누구인가? 주변을 잘 보지 않고 곧장 앞으로만 가는 독일인이다. 독일 보행자들은 대부분 자신과 다른 사람 간의 거리를 잘 판단하지 못한다. 다른 나라에서는 앞에서 오는 사람이 어느 쪽으로 발을 옮길지 가늠하기 위해 간간히 앞사람을 쳐다보며 걷지만, 독일인은 이런 상황에서조차 낯선 사람에게 눈을 맞추는 것이 지나치게 사적인 행동이라고 여기는 것 같다. 짐작하건데, 보행자들이 예방 차원에서 하는 눈 맞춤을 독일 사람들은 무분별한 추파로 해석하는 듯하다.

그렇다면 어떻게 해야 하는가? 거리로 나서기 전 어깨와 팔꿈치에 패드를 대는 등 준비를 단단히 하고 나가서 부딪히면 되는가? 그럴 리가! 독일인이 거리에서 행인과 부딪히는 것은 대개 고의성이 없고 강도도 세지 않다. 그저 독일 거리에서는 마주 오는 행인과 부딪히지 않도록 당신 스스로 눈을 크게 뜨고 조심하는 수밖에 없다. 한편 누가 당신과 부딪힌 뒤 사과하리라는 기대는 하지도 마라. 대부분은 그런 일이 일어나지도 않았다는 듯 무시하고 지나칠 테니 말이다.

줄이 뭔가요?

독일인이 모든 상황에서 질서 정연할 것이라고 기대하는가? 그렇다면 이 말을 해줘야 하겠다. 독일에서는 어디서건 절대로 줄을 서지 마라. 독일인은 줄 서는 것을 평범하게 받아들이지 않는다. 반드시 줄을 서야 할 일이 생기면 눈에 띄게 불쾌해한다.

다른 나라라면 자연스레 줄이 만들어졌을 일상적인 상황에서도 독일인은 예외 없이 줄을 서지 않는다. 가령 버스 정류장에서 아무도 줄을 안 선다. 북적거리는 사람들이 그냥 무리 지어 버스 문 쪽으로 몰려가서는 되는 대로 올라탄다. 마치 독일인은 선천적으로 줄 서는 자질 따위는 빼고 태어나기라도 했다는 듯, 줄을 서야 한다는 생각 자체를 못 한다. 또한 안내 센터 같은 곳에서 이미 사람들이 긴 줄을 만들어 서 있어도, 새로 나타난 사람이 재빨리 새 줄을 만드는 경우도 드물지 않다.

줄 서는 문화가 아예 없는 것은 아니다. 하지만 바쁜 현대 생활에 필수 불가결한 줄서기가 독일 사회에서는 유독 짜증스러운 방식으로 스며들어 있는데, 슈퍼마켓 계산대나 우체국, 은행의 줄은 고객 편의를 전혀 고려하지 않는다. 가령 소품목 구매 고객을 위한 계산대 같은 것은 따로 없다. 한번 줄을 서면 앞사람이 복잡한 문제로 오래 서 있지 않기만을 바라며 무한정 기다려야 한다(그렇지만 머피의 법칙은 언제나 유효하다).

일상적 교류에서의 규칙

문화적 표준은 양날의 검과 같다. 다른 문화권에서 온 사람이 어떤 상황에서 독일인을 매우 무례하다고 여긴다면, 독일인 또한 외국인에게서 자신들과 같은 규칙을 발견하지 못할 때 그들을 예의 없다고 생각할 수 있다.

상점에서 경험할 수 있는 냉담함에 대해 앞에서 잠깐 언급했다. 그런데 다른 한편으로 모두에게 형식적 예의가 필요한

독일인은 어디서든 줄을 서서 기다리는 법이 없고,
빈자리가 나면 알아서 찾아가서 앉아야 한다.

상황이 있다. 가령 작은 상점에 들어갈 때는 "구텐 모르겐Guten morgen/구텐 타크Guten tag/구텐 아벤트Guten abend"(각각 아침, 점심, 저녁 인사)라고 씩씩하면서도 낮은 어조로 말해야 한다. 그리고 모든 서비스 뒤에 "당케Danke"(감사합니다)라는 인사를 잊지 말아야 한다.

독일식 유머 감각

프랑스인이 교통을 통제하고 영국인이 요리를 하며 독일인이 농담을 한다는 지옥에 관한 오래된 농담이 있다. 하지만 영국인의 요리 솜씨가 지난 30여 년간 놀랍게 향상되었듯이 독일인의 유머 감각도 긍정적으로 발전했다(사실 영국인의 요리 솜씨가 발전한 것보다 독일인의 유머 감각이 훨씬 더 향상되었다).

무의미한 농담을 암송하고는 큰소리로 웃어대는 전형적으로 재미없는 독일인과는 대조적으로, 적재적소에서 속사포처럼 농담을 쏘아대며 웃음을 이끌어내는 독일인도 종종 만날 수 있다. 그렇지만 일반적으로 사업 파트너로서 독일인은 철저한 구획 나누기 원칙으로 인해 무뚝뚝하고 진지하며 전형적으로 재미없는 타입인 경우가 많다. 다만 일이 끝난 후라면 여유롭고 유쾌한 모습으로 근무 시간 동안의 심각함을 만회할 것이다.

유머의 영역에서 독일은 외설적인 익살과 풍자 유모에 강하다. 특히 톡 쏘는 말장난이 풍부하고 걸쭉한 아이러니가 뒤섞여 있다.

1933~45년과 관련된 곤란한 상황

이제 당신은 독일에서 살고 있다는 현실을 직시하자. 많은 독일인과 개인적으로도 친해졌다. 그런데 오랜 친분을 갉아먹을 수 있는 질문이 있다. 70세 이상 독일인에게는 "나치 시대에 무엇을 하셨습니까?", 그 아래 사람에게는 "그 시대에 당신 부모님이나 조부모님은 무엇을 하셨습니까?"라고 물어서는 결코 안 된다. 이 질문은 굉장히 친밀한 사이거나 상대방이 먼저 꺼내지 않는 한 당신 마음속에서 아예 지워버리는 게 좋다.

거의 모든 독일인에게 나치 시대는 마음을 불편하게 하는 수치스러운 역사로 남아있다. 당신은 아마도 모든 독일인이 잔인한 나치주의자로 나오는 영화를 보았을 테지만 독일에서 조금만 살다 보면 그 당시 히틀러 주변의 소수를 제외한 거의 대부분이 나치 정권에 저항했다는 사실을 알게 될 것이다.

그렇다. 많은 독일인이 나치주의자들에게 강한 반감과 분노를 느꼈지만 적극적으로 저항한 사람은 모두 감옥이나 강제수용소로 끌려갔고 그들 중 극소수만이 살아남았다. 그것도 유

2711개의 검은 비석으로 나치에 의한 희생자를 기리는 베를린 홀로코스트 공원.
시내 중심에 결코 잊을 수 없이 못박아놓은 국가적 사과문이다.

대인이나 공산주의자가 아닌 경우에만 말이다. 그 시대 독일인에 대해 공정히 말하자면 이렇다. 당시 나치 정부는 자국민에게 많은 면에서 악의적으로 잘못된 정보를 주입하고 왜곡된 선전을 지속적으로 퍼뜨렸다. 그래서 대부분의 독일인이 생명의 위협과 공포심, 혹은 잘못된 정보 때문에 나치주의자들에게 공개적으로 반대하지 못한 것이다.

충격에서 회복하기

앞에서 언급한 많은 이야기가 상당히 삭막하게 여겨졌을 것 같다. 그러나 그리 잘 드러나지는 않지만 독일 사회에 밝은 면도 많다는 사실을 알아두었으면 한다. 마음을 굳게 가져라. 독일인은 당신 생각보다 훨씬 호의적이고, 다양한 상황에서 외국인에게 마음을 활짝 열 수 있다. 그 전에 당신이 그들의 마음을 여는 방법을 알아야 한다. 그렇게 한다면 독일 생활이 훨씬 즐거워질 것이다.

어떻게 적응하는가?

중요한 문제는 당신이 고수하고 싶은 것을 바꾸지 않으면서 독일 사회에 어떻게 적응하느냐이다. 독일에 거주하는 많은 외국인이 말하는 이상한 현상은 스스로 의식하지 못한 채 자신이 변한다는 것이다. 그들 자신은 독일인과 아주 다르다고 생각하지만 오랜만에 고향에 가면 친지나 친구들에게서 왜 그렇게 공격적이고 안달하며 냉담하게 변했냐는 질문을 받는다. 그리고는 원래 자신의 모습을 되찾기까지 며칠에서 일주일이 걸린다고 한다.

서로 다른 문화권에서 생활하다 보면 이런 현상은 지극히 정상적이다. 곧 원래 모습을 되찾을 수 있으니 걱정하지 마라. 그보다는 당신의 성격과 문화 정체성의 긍정적인 면을 유지한 채 독일에 체류하면서 뭔가 가치 있는 것을 얻어가는 게 중요하다.

독일은 공격성이 종종 보상받고, 갈등을 회피하고 예의를 차린 행동이 때로는 도피나 나약함으로 받아들여지는 사회라는 점을 기억하라. 이에 대한 확실한 대응책은 로마인처럼 행동하는 것이다. 즉, 독일인에 맞서서 소리치며 자기주장을 하라. 오만하게 구는 독일인에 맞서 나 역시 확실히 오만하게 받아침으로써 원했던 것을 얻은 적이 종종 있다.

어떤 때에는 오만한 태도가 불안감이나 전문성 부족 또는 압박감을 감추는 확실한 방패가 되기도 한다. 상대가 이렇게 나올 때 취할 수 있는 최선의 방법은 그를 안심시키면서 인내심과 호의를 보여 주고, 가능하다면 더 나아가 직접 문제를 해결하는 것이다. 이런 접근법이 매우 효과 있다는 것을 나 역시 다른 사람들과 마찬가지로 경험했다.

자신감 보여 주기

독일에서 성공하기 위해 가장 중요한 열쇠는 자신감 표현이다. 독일 사회는 자신감과 통제력, 전문성이 있는 사람을 존중하고 보상한다는 점을 염두에 두자. 몇몇 동양 문화권에서처럼 경의의 표시로 시선을 아래로 두는 것을 독일에서는 매우 부정적으로 평가한다. 실제로 당신이 그렇게 한다면 파트너는 당신의 약점을 감지하고 짓밟으려 할 공산이 크다(물론 비유적이지만 독일에서는 이 비유가 뼈저리게 느껴질 것이다). 독일 사람들과 별 탈 없이 잘 지내려면 상대방의 눈을 똑바로 봐라. 사람들을 만나면 힘차게 악수하라. 기운 없이 악수하면 내면이 약한 사람으로 받아들여진다.

독일 사람들과 가까워지고 싶을 때 잘 먹히는 또 하나의 방법은 약간의 호의와 친절로 상대의 마음을 누그러뜨리는 것이다. 나는 사업상 만남에서 헤어질 때는 확신에 차고 진심 어린 어조로 "쇠넨 타크 노호Schönen tag noch"(좋은 하루 보내세요)라고 인사한다. 그러면 놀랍게도 미소와 함께 따뜻한 인사말이 돌아온다. 독일인도 다른 사람과 크게 다르지 않아서 스스로 친절을 베풀 기회를 기다리고 있는 것이다. 당신이 그렇게 할 기회를 주면 되는데, 이 역시 지나치면 뭔가 꿍꿍이가 있다고 오해할 수 있으니 그 점만 주의하라.

공적 자아와 사적 자아

다행히 앞의 몇 단락에서 긍정적인 면을 다루었다. 앞으로는 그보다 더 밝은 면을 보여 줄 것이다. 부정적인 면은 진실의 단지 반에 해당할 뿐이니까. 실제로 독일인 대부분의 행동 방식은 두 가지 유형으로 뚜렷이 구분된다. '구획 나누기'라는 엄숙한 원칙이 자아의 깊은 곳까지 영향을 미치기 때문인데, 이를 공적 자아와 사적 자아로 구분해서 살펴보자.

독일인의 '공적 자아'가 보여 주는 행동 유형은 그다지 사랑스럽지 않다. 공적 자아란 거리나 일터 또는 낯선 상황에서 보이는 자아이다. 그러나 다른 모습, 곧 가족과 친구 또는 특별히 가까운 동료들과 함께 있을 때 드러나는 '사적 자아'가 있다. 같은 사람이라도 사적 자아는 상당히 다른 성격을 보이는데, 좀 더 개방적이고 친절하며 남에게 도움을 주려는 경향을 띤다. 간단히 말해 사적 자아가 훨씬 매력적이다.

당신과 너

독일인의 성격이 이렇게 나뉘는 것은 아마도 2인칭을 부르는 호칭에 격식을 갖춘 '지Sie'(당신)와 친숙한 사람에게 쓰는 '두Du'(너), 복수 형태인 '이어Ihr'(당신들), 이렇게 세 가지가 구분되어 있기 때문인지 모른다. 세 단어를 쓰는 상황은 엄격하게 구분된다. 따라서 독일어를 쓰는 사람들은 어쩔 수 없이 격식을 갖춰야 할 상대와 좀 더 편안한 상대를 매번 구분 지어 부르게 된다.

독일인은 많은 상황에서 조금 냉정하고 오만해 보이지만 '두'라고 말할 수 있는 모임의 사람들에게는 경계심 없이 친절하고 따뜻하며 호의적이다. 나 역시 몇몇 친구들과 (결혼으로 얻은) 가족들과는 매우 사적인 일까지도 약간의 문제가 있는 듯 보이면 함께 나누고 해결책을 찾으려 애쓴다.

친구와 지인

'두(라고 부르는 사람들의) 모임' 역시 더 깊고 좁게 들어가면 중심부의 핵심 그룹과 주변 그룹으로 나뉘며, 이 또한 독일어에 반영되어 있다. 독일인은 '친구freund'라는 단어를 오로지 긴밀하고 특별한 관계에 있는 사람에게만 쓴다. 여성은 로맨틱한 관계에 있는 사람에게 쓰는 경우가 많고, 남성은 '막역한 친구(close friend)'를 뜻할 때 쓴다.

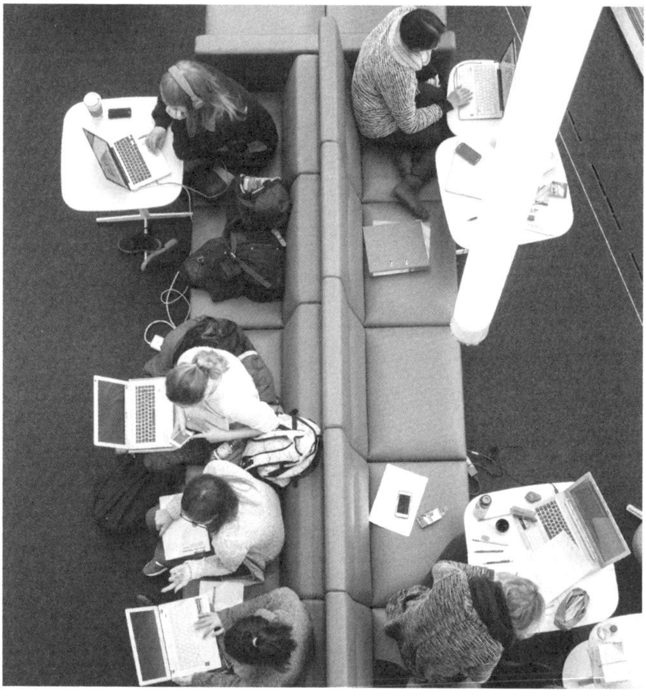

© Tobias Klein

공공 장소에서 만나는 독일인은 대부분 차갑고 오만해 보인다.
당신이 본 그는 '공적 자아'의 모습이기 때문이다.

따라서 독일인은 영어를 쓰는 사람들이 '친구'라는 단어를 별 생각 없이 아무 데나 쓴다며 때때로 어리둥절해한다. 내가 친구라고 지칭하는 사람 대부분을 독일인이라면 그냥 '잘 아는 사람(gute bekannter)'이라고 부를 것이다.

복잡하게 들리는가? 사실 독일인은 꽤 복잡한 사람들이다. 요컨대 독일인과 친구가 된다는 것은 시간과 감정을 투자해 아주 특별한 지위를 얻는 것을 의미한다. 친구가 되어야 진짜 그 사람을 알게 되는데, 그러기 위해서는 먼저 '두 모임'에 들어가야 한다.

가정생활의 규칙

삶의 각 영역을 철두철미하게 구분하는 독일인은 가정과 그 안에서 이루어지는 모든 활동에 특별한 가치를 둔다. 가정에서는 사적 자아가 피어나며, 딱딱하게 굳은 얼굴을 한쪽으로 치워둘 수 있다. 많은 독일인에게 가정은 진정한 자신의 모습으로 좀 더 넓은 세상에서 하고 싶었던 모든 일을 할 수 있는 공간이다.

이렇게나 특별한 독일 가정에서는 함께 모인 사람들이 어떻게 행동해야 하는지를 규정한 분명한 가헌, 즉 '하우스오르드눙hausordnung'이 있다. 집에 방문한 외국인이 이런 규칙을 무시하면 심각한 위험에 빠질 수 있다.

인사

독일인은 흔히 (바로 옆집을 포함해) 이웃 대다수와 모르는 채 지내지만 자주 맞닥뜨리는 같은 건물에 사는 사람들과는 만날 때마다 인사한다. 이사 오는 첫날부터 말이다. 인사는 "구텐 타크, 슈미트 씨" "구텐 아벤트, 뮐러 씨" 이렇게 해야 최선이므로 그들의 성을 다 알아야 한다. 이름까지 알게 될 일은 아마 없을 것이다. 독일에서는 이름을 넣어 인사하기까지 굉장히 오랜 시간이 걸리기 때문이다.

독일인은 친밀감을 강요받으면 매우 불편해해서 당신이 성급하게 격식을 건너뛰면 상대가 압박을 느낄 것이다. 날마다 만나고 이름을 아는 사이라 할지라도 사람이 많은 상점 같은 곳에서 '두' 호칭을 사용한다면 모욕으로 받아들인다. 공개된 장소에서 그렇게 부르는 것은 아이들한테나 맞는 호칭이라고 생각하기 때문이다. 몇몇 생각 없는 독일인은 대부분의 외국인을 아이 수준으로 낮춰 보면서 '두'라는 호칭으로 부르기도 하지만 말이다.

법 다음에 두는 청결

하우스오르드눙은 '집안의 질서'를 뜻하며, 이 질서는 가족 그리고 이웃과 조화를 유지하는 주요 요소이다. 가령 공동 구역을 청결하게 유지하는 일이 매우 중요한데, 당신의 임대차 계약서에도 아마 계단을 일주일에 한 번은 청소해야 한다고 명시되어 있을 것이다. 명시되지 않았더라도 그렇게 하는 것이 독일 사회의 불문율이므로 반드시 지키도록 한다. 다만 독일인이 광적인 사람들은 아니므로 매주 한 번이라는 사항을 무슨 일이 있어도 반드시 준수해야 하는 것은 아니다. 계단이 깨끗해 보인다면 가끔 건너뛰어도 이웃이 분개하지 않을 것이다. 그렇지만 명백히 더러운데도 그냥 둔다면 공동 주택에서 대죄를 짓는 것과 다름없다.

소음과 관련해서도 분명한 규칙이 있다. 이웃을 방해할 만한 소음을 내서는 절대로 안 된다. 누구나 자기만의 소음 허용 수준이 있겠지만 텔레비전이나 음악 소리를 크게 틀어놓으면 항의를 받는다. 빈번하지 않다면 파티를 열거나 소음이 나는 기구를 쓰는 일도 허용된다(1년에 한두 번의 파티는 합의하에 허용된다). 다만 파티를 열 계획이라면 이웃이 대비할 수 있도록 며칠 전에 미리 알려야 한다. 이것 역시 독일 하우스오르드눙의 불문율이다. 그렇지만 반드시 이웃을 초대해야 하는 것은 아니다. 일반적으로 독일인은 이웃의 파티에 초대받는 것을 예상하지도, 바라지도 않는다.

조용히 좀 해주세요

독일은 보통 오후 1시에서 3시까지를 공식적인 휴식 시간(ruhezeit, 루에차이트)이라 해서 반드시 지킨다. 바쁜 현대 사회라 해도 이 시간에는 목소리를 낮춰야 한다. 가령 아이들은 너무 소란스럽게 굴면 안 되고, 개들도 짖지 못하게 해야 한다.

일요일은 휴식 시간이 따로 없다. 온 종일 휴식을 취하는 완전한 휴일이므로 무조건 조용히 해야 한다. 전기 드릴을 사용하거나 망치질 등 소음이 나는 수작업을 일요일에 하는 것은 공식적으로 금지된다. 심지어 작은 마을에서는 일요일에 유리창을 닦거나 빨래를 너는 일도 안 된다. 그런 일을 하면 이웃에게 확실히 배척당한다.

또한 독일에서는 건물 앞창에 빨래를 널면 절대 안 되는데, 이런 사항은 종종 임대차 계약서에 명시되어 있다. 이를 어기고 동네 경관을 해치면 이웃 사람들이 불쾌하게 여긴다.

초대와 방문

일반적으로 독일인은 함께 사는 사람들에게는 상냥하게 대하려고 특히 노력하는데, 이는 집에 초대한 사람들에게도 마찬가지이다. 독일에서 좋은 집주인 역할을 하는 데에는 규칙이 있으므로, 누군가의 집에 초대를 받아 갔을 때 주인이 하는 행동을 유의해서 봐라. 중요한 규칙들을 배워두었다가 당신이 손님을 초대할 때 적용하면 된다.

독일인은 집에 초대한 사람들에게는 사무실이나 상점 또는 거리에서라면 부분적으로 억누르고 감춰두었을 자신의 진정한 모습을 드러낸다. 자기 본거지에 있다는 이점을 업고 사업상 만났을 때와 달리 긴장을 풀어 게르만족 특유의 열정을 마음껏 터뜨린다. 좋은 주인이 되는 첫 번째 규칙은 물론 손님들을 편안하게 해주는 것인데, 이는 세계 어디서나 진리이지만 독일인은 정말 탁월하다.

한편 독일인은 시간에 집착하고 모든 일에는 다 적당한 때가 있다고 여긴다는 사실을 기억하라. 그들이 구체적으로 어느 시간에 누군가를 초대했다면 그 시간에 함께 할 구체적 계획이 있다는 뜻이다. 토요일이나 일요일 오후 3~4시에 초대한다면 보통은 커피와(커피를 마시지 않는 사람과 어린이를 위해 차와 청량음료도 준비한다) 케이크, 아니면 최소한 쿠키를 대접한다. 저녁 7시나 8시 초대에는 자동으로 저녁식사를 대접한다는 의미가 담겨 있다. 식사 전에 잠깐 담소를 나누고 싶다면 시간을 5시나 6시로 잡고 식전 음료와 간식을 준비한다.

음식과 음료

부유한 나라 사람들이 대부분 그렇듯 독일인도 모인 사람이다 먹고도 남을 만큼의 많은 음식을 준비한다. 그리고 독일인은 정말 잘 먹는다.

많은 양의 음식과 알코올음료(음식에 따라 포도주 또는 맥주), 그리고 술을 자제하는 손님을 위해 광천수도 함께 낸다. 만약 술을 안 마신다면 주인이 한 번 이상 권하더라도 거절하면 된다. 종교적인 이유로 주인이 술을 준비할 수 없다면 손님들에게 미리 알려야 한다. 예고 없이 술을 내지 않는다면 손님들이 서운해할 것이기 때문이다.

한편 흡연은 술과는 완전히 다른 문제다. 독일 당국이 식당을 비롯한 공공장소에서의 흡연을 엄격히 규제하지는 않지만 가정에서는 문제가 다르다. 일반적으로 최종 결정은 주인이 한다.

좋은 손님 되기

가장 먼저 할 일은 초대받은 집에 제때 도착하는 것이다. 아마 주인이 문 앞에서 맞을 테니 주인의 인사에 대응해 인사하라. 주인에게 자녀가 있는지 점검하고 자녀들에게도 인사한 뒤 선물을 가져왔다면 이 자리에서 준다. 다만 독일에서는 다른 문화권과 달리 선물을 반드시 가져갈 필요는 없다. 그래도 선물하고 싶다면 꽃이나 포도주 한 병, 또는 주인이 관심 있어 하는 주제의 책 한 권 정도가 적절하다.

독일 가정집의 화장실은 보통 옷장만 한 크기의 분리된 공간이고 욕실은 세면대와 욕조가 있는 조금 넓은 공간이다. 화장실을 사용한 뒤 문을 열어놓고 나오는 것은 매우 무례하고 음탕한 행동으로 여겨진다. 문을 열어놓은 채 사용하는 것만큼이나 상스러운 행동으로 취급받으니 조심해야 한다.

손님으로서 가장 중요한 규칙은 마음껏 즐기는 것이다. 손님들이 앞에서 언급한 몇 가지 사항만 위반하지 않고 마음껏 즐긴다면 독일인 주인은 매우 고양되고 주인 역할을 성공적으로 했다고 느낄 것이다. 혹시 주인이나 다른 손님들과의 공통 관심사가 전혀 없는 손님이 왔더라도 문제 없다. 집안에서의 독일인은 꽤 매력적이고 유쾌하며 마음이 열려 있는데다 관심사와 경험의 폭이 넓기 때문에 누구나 즐겁게 해주고 유용한 정보를 나누어줄 것이다.

이처럼 독일인의 사적인 자아는 거리에서 만나는 굳은 얼굴의 공적 자아보다 훨씬 다채롭고 매력적이다.

관습 이해하기

독일에서 성공하는 데 있어 언어 학습이 얼마나 중요한가에 대해서는 책 후반부에서 다루겠다. 여기서는 관습을 살펴보겠는데, 언어 학습 외에도 독일의 주요 관습을 아는 것은 매우 중요하다. 사실 그 나라의 관습을 몰라서 저지르게 되는 실수는 일반적으로 언어로 인한 실수에 비해 쉽게 용서받지 못한다.

그때그때 상황에 맞게 행동할 수 있다면 독일인 친구나 동료들 사이에서 곧 '페르소나 그라타persona grata'(호감 인물)로 받아들여질 것이다. 그에 필요한 사회적 기술은 그리 많거나 복잡하지 않고 누구나 쉽게 배울 수 있다.

살아가면서 의식과 절차를 잘 챙기는 사람들이 볼 때 독일은 기념일이 적은 편이다. 그러나 상당수의 의례적 행사가 있어 사람들이 삶의 각 단계를 유쾌하고 부드럽게 통과하도록 돕는다. 독일에 사는 동안 당신도 하나 이상의 의식에 참여할 기회가 생길 것이다.

출생

출생률이 위험 수준으로 낮은 사회에서 당연하듯이 새로운 가족이 탄생하면 큰 기쁨이 있고 따뜻한 축하 행사가 뒤따른다. 당신도 그 행사에 초대받을지 모른다. 회사 동료나 지인의 가정에 아기가 태어나면 카드를 보내 축하의 말을 전하거나, 아기 부모와의 친분 정도에 따라 작은 선물을 보내도 좋다. 다만 아기에게 유용한 물건이어야 한다.

초등학교 입학

세속화된 오늘날의 독일에서 아이의 초등학교 입학은 대개 세례식을 대체하며 유년기의 공식적인 의례로 자리 잡았다. 초등학교에 입학하는 아이들은 색색의 커다란 원뿔 상자에 과자를 가득 담은 슐튀테schultüte를 선물로 받는다. 부모님 또는

© Lukassek

초등학교 입학 첫날에 학교 소개를 기다리는 아이들.

조부모까지 참석하는 이날은 기념사진을 찍으며 떠들썩한 하루를 보낸다.

생일

우리는 모두 세상에 단 한 번 태어나지만 평생 그날을 기념한다. 독일에서는 생일을 맞은 사람이 그날을 기념하는데, 이는 생일을 맞은 장본인이 다른 사람을 대접해야 한다는 말이다. 이제야 독일인이 왜 그렇게 당신의 생일이 언제냐고 물었는지를 이해할 수 있을 것이다.

생일이 되면 직장 동료들은 당신의 생일 턱을 기대한다. 보통 케이크나 치즈 롤빵, 차가운 편육, 얇게 썬 고기와 함께 커피나 주스 또는 샴페인을 낸다. 가까운 친구들이라면 저녁 때 식당이나 술집에 초대해 음식을 사주기도 한다. 이런 호의에 대해 친구나 동료들은 작은 선물이나 열정적인 악수 또는 등을 쳐주는 것으로 보답한다.

당신이 친한 친구나 동료의 생일 만찬에 초대받는 행운을 얻는다면 작은 선물을 주고 싶을지 모른다. 물론 가장 좋은 선물은 상대가 좋아할 만한 사적인 의미를 담은 것이겠지만, 상대를 잘 모를 때는 좋은 포도주나 코냑, 리큐어 정도가 적당하다. 다만 독일에서는 생일 선물을 생일 전에 미리 주지 않는다는 점에 주의하라. 생일 선물을 미리 주면 생일 맞은 사람에게 불행이 온다고 생각하기 때문이다. 생일 맞은 친구를 당일에 만날 수 없다면 선물은 나중에 주면 된다.

결혼

많은 사람이 인생에서 가장 중요한 통과의례는 특정한 한 사람과 영원히 결합하는 일이라고 생각할 것이다. 하긴 독일의 높은 이혼율(대략 40퍼센트)을 생각하면 그 또한 영원하다고는 할 수 없지만 말이다.

독일에서 모든 결혼식은 슈탄데스암트Standesamt(호적 사무소) 또는 등기소에서 거행된다. 종교적 예식을 원한다면 관공서에서 결혼한 후에 교회에서 또 치르면 된다. 다만 관공서에서 예식을 치르지 않으면 교회에서도 치를 수 없다는 사실을 기억하라.

결혼 예식에 초대할 사람은 친밀함의 정도에 따라 결정한다. 슈탄데스암트는 일반적인 예배당보다 규모가 작기 때문에 여기서 치르는 민사 예식에는 보통 신혼부부와 입회인 둘(법적으로 필수), 직계 가족, 친밀한 친구들 소수만 참석한다. 친구들은 예식에 참석하지 않고 밖에 모여 있다가 신랑신부가 식을 끝내고 시청 밖으로 나올 때 환영해 주기도 한다. 참석한 사람들과 함께 근처 카페에서 간단한 식사를 하는 것으로 결혼 예식을 마무리한다.

교회 예식은 보통 주말에 거행하며, 일반적으로 친구와 지인을 비롯해 먼 친척들까지 민사 예식보다 많은 사람을 초대한다. 예식은 종교나 교구에 따라, 또는 신혼부부의 바람에 따라 간단하게도, 복잡하게도 행할 수 있다. 예식 후 식당이나 호텔 또는 교회 강당에서 신부 아버지가 모든 손님에게 식사를 대접한다. 선물은 식사할 때 전달하고 식사 순서가 없다면 교회 예식 후에 신혼부부에게 준다.

결혼과 관련해 독일에서는 '소란스런 저녁'이라는 뜻의 폴터아벤트polterabend(결혼식 전날 밤의 떠들썩한 모임)를 치른다. 이는 주로 민사 예식이 있기 하루나 이틀 전 저녁에 행한다. 결혼할 남녀가 넓은 범위의 친구와 지인, 친척, 동료들을 초대하는데, 초대받은 이들은 오래된 접시나 컵, 도자기 등을 준비해 와서 땅바닥에 던져 깨뜨린다. 산처럼 쌓인 조각을 치우는 것은 예비부부의 몫이다. 이 의식은 이교도 풍습에서 유래한 것으로, 악령을 막아 부부가 행복하게 오래 살기를 기원한다. 오늘날에는 주로 이 풍습 덕에 독일 그릇 제조사들의 매출이 확보된다고 할 정도다.

이 소란스런 의식이 끝난 뒤 손님들은 예비부부에게 선물을 전달하고 파티에 참석한다. 전통적으로 폴터아벤트 파티는 천막 아래에서 펼쳐지는데, 기본적인 독일 식사를 먹으며 분위기가 최고조에 이를 때까지 즐긴다.

장례식

장례식을 좋아할 사람은 아무도 없을 것이다. 하지만 지인이나 지인이 사랑하는 누군가가 죽었다면 지켜야 할 일정한 예의가 있다. 고인이나 고인의 친척과 별로 친분이 없다면 조문 카드만 보내면 되고, 긴밀히 알던 사람이라면 장례식에 참석하는 게 바람직하다.

장례식에서의 밤샘은 종전 이후 매우 드물어졌고 지금은 단지 작은 마을의 독실한 가톨릭 집안에서만 행한다. 장례식은 대체로 교회나 사원, 회당에서 치르는데 문상객은 무덤 옆까지 관을 따라간다. 문상객 모두가 관 뒤를 줄지어 따라가며 마지막 순간까지 고인에게 경의를 표하고 관에 흙 한 줌을, 가까운 가족은 꽃을 떨어뜨린다.

한편 독일에서는 공식적으로 종교세를 내는 신자가 아니라면 교회에서 결혼이나 장례를 치를 수 없고 자녀들이 세례를 받을 수도 없다.

그만한 가치가 있다

이 장의 중요한 교훈이 분명히 전달되었기를 바란다. 요약하면, 독일인은 어울리기에 결코 쉬운 사람들은 아니지만 어떻게 대해야 하는지를 안다면 그들과의 관계도 유익한 경험이 될 수 있다.

해가 갈수록 독일 사회에서 살아가는 게 더 쉬워질 것이다. 지금은 급격한 변화의 시대라는 사실을 기억하라. 독일에서 수십 년을 살아온 독일인이나 외국인 모두 독일인의 태도와 행동에서 몇 가지 큰 변화를 포착하고 있다. 어떤 변화는 긍정적이지만 또 어떤 변화는 최근의 경기 침체에서 비롯된 부정적인 것도 있는데, 아무튼 우리는 모든 변화에 대처해야 한다. 독일에서 성공한 많은 사람이 처음에는 끝까지 버티지 못하겠다고 생각했다고 한다. 그러나 그들은 결국 성공했고 당신 역시 할 수 있다고 강력히 말한다.

5
독일에서 살아보기

여기서는 종종 상식이 부족한 상황에 맞닥뜨린다.
특히 관료 체제와 돈을 벌 만한 기회가 있는 곳에서 그렇다.

– 바바라 부리스 판 푸어스트,
〈인터내셔널 헤럴드 트리뷴〉의 칼럼 중에서

독일인은 독일 관료 체제의 지혜와 효율성을 과신하기 때문에 당신이 독일에 오기 전에 미리 준비해 올 것은 그리 많지 않다. 대부분의 관공서 관련 업무를 독일에 와서 직접 해야 하기 때문이다. 사전에 할 수 있는 일이란 필요한 자료와 서류를 전부 챙겨 오는 것뿐이다. 가령 여권과 대학 서류, 그리고 직장을 찾는다면 이전 고용인의 추천서와 자격증, 결혼증명서, 운전면허증 등이 필요하다. 독일에서 직장을 구할 예정이라면 이곳의 고용인이 당신보다 훨씬 많은 일을 해줄 수 있다.

또 한 명의 구성원 되기

앞에서 살펴봤듯이 독일인은 외국인이 그들의 삶의 방식에 완전히 동화되기를 강요하지 않으며 기대하지도 않는다. 오히려 자신이 속한 문화권의 특성과 관점을 가져와 독일 사회의 가치를 높이는 것을 훨씬 바람직하게 본다. 앞으로 당신의 특성과 관점을 최선으로 활용하는 방법을 살펴볼 텐데 그 전에 먼저 독일 시스템에 적응하는 방법부터 알아보겠다.

독일은 사실 느슨한 나라가 아니다. 잘 굴러가는 사회라는 명성에 걸맞다. 이런 명성은 모든 거주민이 일정한 체계에 맞춰나가게 함으로써 얻을 수 있었다. 그러므로 당신도 독일에서 거주하려면 수많은 법적 장치에 맞춰나가야 한다. 이 과정을 제때 제대로 준비한다면 어려움 없이 통과할 수 있지만 그렇지 않다면 불편만 겪고 하나도 이루어내지 못할 수 있다.

관공서라는 정글

'베회어데behörde'와 '암트amt'는 독일이라는 나라가 제대로 굴러가도록 주요 역할을 감당하는 여러 관공서와 관청들을 가리키는 독일어이다. 독일에 온 다른 모든 사람처럼 당신도 독일에서 피할 수 없는 세 가지, 곧 죽음과 세금, 베회어데가 있다는 사실을 알게 될 것이다. 독일에 머무는 내내 당신은 관공서와 맞닥뜨려야 할 텐데 아마 도착하자마자 가장 어려운 과정을 거치게 될지 모른다.

대부분의 관공서는 일주일에 3일(월수금), 게다가 오전에만 대민 업무를 한다. 오전이란 대개 오전 7시나 8시부터 정오까지를 말한다. 대도시 몇몇 기관에서는 화요일 오후 6시나 6시 반까지 연장 업무를 하기도 한다.

사실 독일에 처음 온 많은 사람이 이 시련을 극복하지 못한다. 내가 아는 몇몇은 독일 관공서에서 몇 번 언쟁을 한 후 독일을 떠나기로 결심했다. 불쾌하더라도 첫 단계를 넘어서면 그 다음 과정들은 훨씬 쉽게 진행되는데, 안타까운 일이다. 독일의 관공서 공무원들이 친절하다거나 도움이 되었다는 소리를 나는 들어본 적이 없다. 그들에게는 해야 할 일이 있을 뿐이지 당신에게 친절하게 굴거나 도움을 주는 것은 그들의 업무가 아니다. 그들은 세세한 사항들을 쉽게 무시해버리고 마치 성난 얼굴이 대 외국인 업무를 보는 사람의 복장 규정에라도 포함되어 있다는 듯 행동한다. 그러니 가능하다면 외국인인 우리가 그냥 웃으며 참을 수밖에 없다.

독일 체류 첫 3개월 동안은 관광객 지위를 신청할 수 있지만 이후에는 복잡한 등록 절차를 거쳐야 한다. 그러니 무엇 하

베를린에 있는 아우슬랜더베회어데. 이곳의 복잡한 절차를 통과하지 못하면 독일 거주가 힘들어진다.

러 그때까지 기다리는가? 아주 많은 것이 첫 스텝에 달려 있으므로 관공서 가기를 미루는 것은 어리석은 짓이다.

처음으로 가야 할 곳은 으스스한 느낌이 나는 오르드눙스암트Ordnungsamt(외국인청)인데, 이곳에 가면 아우슬랜더베회어데 Ausländerbehörde(대략 번역하면 '외국인 등록청'이다)로 안내받는다. 여기서 체류허가증(aufenthaltserlaubnis, 아우펜탈츠얼라웁니스)을 신청한다. 유럽연합 회원국 국민이라면 이는 거의 형식적 절차이지만 비 유럽 국가에서 왔다면 이 마법의 도장을 받기까지 통과해야 할 문턱이 많다. 이 문턱은 처음에는 다소 높겠지만 결국에는 낮아진다.

가령 노동허가증(arbeitserlaubnis, 아르바이츠얼라웁니스)을 확실하게 손에 쥘 때까지는 체류허가증을 얻을 수 없다는 경고를 들을 가능성이 크다. 그런데 외국인 등록청의 믿을 만한 관료가 알려준 대로 노동청(Arbeitsamt, 아르바이츠암트)으로 가면 그곳의 선한 관료는 또 체류허가증을 소지해야만 노동허가증을 취득할 있다고 말할 것이다. 탕!

그러나 생각보다 그렇게 어렵지는 않으니 걱정 마라. 필요한 것은 직장 또는 고용계약서이다. 장래의 고용인이 당신의 전문성을 필요로 한다거나, 당신이 독일인 또는 유럽연합 출신자가 할 수 없는 업무를 맡게 된다고 증명하는 서류를 노동청에 보낸다. 그 다음에 당신이 노동청에 가면 임시 노동허가증과 함께 서류를 돌려받는다. 이 임시 노동허가증을 가지고 오르드눙스암트에 가서 등록하고 신원 조사를 비롯해 여러 절차들을 거치면 여권에 체류를 허가한다는 도장을 받게 된다. 이것을 가지고 다시 노동청으로 가면 진짜 노동허가증을 발급받는다.

이 첫 과정을 성공적으로 마치면 또 다른 절차들이 기다리고 있다. 첫 번째는 거주지 관할청의 주민등록과(Einwohnermeldeamt, 아인보너멜데암트)나 오르드눙스암트에 가서 거주지를 신고하는 일이다. 이는 앞선 과정보다 훨씬 간단하다. 여권을 가져가고 관청에서 내주는 서류의 긴 항목을 다 채우기만 하면 된다. 그러면 늘 소지하고 다니라는 주의와 함께 등록을 입증하는 표를 준다.

이런 거주지 등록은 독일인이나 외국인 상관없이 모두가 해야 한다. 거주지를 옮길 때마다 매번 등록해야 하는데, 그렇게 하지 않거나 '정해진 기한'을 넘기면 10~38유로의 벌금을 물게 된다.

이 모든 절차를 통과했다고 해서 다 끝난 것은 아니다. 처음 몇 년간은 해마다 체류 허가증을 갱신해야 한다. 몇 년이 지나면 주로 형식적인 절차이므로 노동허가증과 건강진단서는 생략해도 된다. 여권만 가지고 오르드눙스암트에 가서 연장 신청을 하면 된다. 4년째에는 2년짜리 허가증이 나온다. 그리고 6년이 되어 독일의 모든 상황에 익숙해질 때가 되면 무기한 체류증을 받고 더 이상 등록하러 오지 않아도 된다는 말을 듣게 된다!

운전면허증

많은 외국인이 독일 사회에 적응해 갈 때 거치는 주요 단계 중의 하나가 자가용을 운전해서 아우토반에 진입하는 일이다. 그 전에 유효한 운전면허증을 확보해야 한다. 유럽연합 회원국 출신이라면 따로 독일 운전면허증을 딸 필요가 없다.

어느 나라에서 왔건 독일에 도착해 1년 동안은 본국에서 딴 운전면허증이 유효하다. 그러나 1년 뒤에는 독일에서 운전하기를 포기하든가 독일 운전면허증을 취득해야 한다. 독일 면허증을 따려면 현지에서 운전면허 시험을 통과해야 하는데, 이 시험은 필기와 실기 모두 독일 도로교통법을 잘 숙지해야 하므로 그리 간단하지가 않다.

시험을 치르려면 자동차 학원에 등록해 전문 과정을 들어야 한다. 문제는 대부분의 자동차 학원에는 속성 과정이 없어서 일반 과정을 다 들어야 하는데 그게 몹시 어렵고 비용도 많이 든다(최소 1500유로). 그러니 되도록 자신의 상황에 맞는 특별 과정이 준비된 자동차 학원을 찾도록 한다. 또한 독일에 거주한 지 1년이 지나면 일반 과정 전체를 다 들어야 하므로 지체 없이 1년 안에 당신에게 맞는 특별 과정을 찾아 시험에 통과하는 것이 좋다.

여기까지는 간단하게 들릴지 모르겠지만 한 가지 사항이 더 있다. 독일에 온 지 1년 안이라도 당신 고국의 운전면허증만으로는 충분하지 않다. 독일어 번역본을 함께 지참해야 한다. 번역을 맡길 마땅한 곳을 알지 못한다면 가까운 곳에 있는 ADAC(독일 자동차 클럽. 전국에 있다) 사무소에 가라. 여기서 36~42유로를 내면 공식 번역본을 만들어준다. 더불어 운전 중 긴급한 상황에 처했을 때 받을 수 있는 도움이나 특별 보험 상품 등 다양한 정보를 얻을 수 있다.

관대한 사회보장제도

독일에서 살기란 복잡한 규정과 등록들의 연속이라는 인상을 받을 수 있겠지만, 이런 과정은 대체로 독일에서 경제활동을 하거나 하려는 사람들에게 혜택을 제공하기 위한 준비 단계라 할 수 있다. 여기에는 독일인은 물론이고 외국인도 해당된다. 가령 노동청에서는 개인의 조건에 맞는 다양한 일자리를 찾아주거나 아니면 기술과 능력을 향상시킬 수 있는 직업훈련 프로그램들을 소개해 준다. 또한 정부가 운영하는 건강보험에는 단순한 의료 지원을 넘어선 다양한 혜택이 포함되어 있다.

집 구하기

2장에서 이미 살펴봤듯이 독일은 유럽에서 인구밀도가 높은 나라에 속한다. 이를 실제적으로 표현하면 독일에서 적당한 집을 구하기가 어렵다는 말이다. 조금이라도 쉽게 구할 수 있는 방법을 살펴보자.

회사나 협력업체가 당신을 독일로 보냈다면 처음에는 회사에서 집을 찾아주기도 한다. 그렇다면 첫 단계에서 일어날 많은 감정적 소모를 덜 수 있다. 그렇지만 독일에 오는 사람 대부분이 스스로 주택 시장에 뛰어들어 고투해야 한다. 집을 구하는 방법은 세 가지가 있는데 각각 장단점이 있다.

회사에서 집을 구해주는 것에 이어 간단한 방법은, 당신이 사용할 집의 소유주를 알아두는 것이다. 그러나 대개는 독일에 아무 연고도 없이 오므로 이런 행운을 얻기는 어렵다. 두 번째 방법으로 넘어가자.

신문광고에서 찾기

이 방법은 다른 방법보다 비용이 훨씬 적게 들고, 아마도 그렇기 때문에 성공할 가능성이 적다. 독일의 주요 일간지들은 매주 특정한 날, 최소 하루는 가격과 편의시설 면에서 매우 다양한 범위의 임대 주택들을 특집으로 싣는다. 당신이 할 일은 그런 신문에서 마음에 드는 건물을 찾아서 전화를 걸어 약속을 잡고 직접 주인을 만나는 것이다. 이런 방법으로 성공할 확률은 당신이 집세를 얼마까지 낼 수 있는가에 달려 있다. 물론 집세가 높을수록 경쟁률이 낮다.

한편 외국인이기 때문에 원하는 집을 구하기가 어려울 수도 있다. 많은 부동산 임대 목록에 '카이네 아우슬랜더Keine Ausländer(외국인 사절)'라는 험악한 문구가 명시되어 있는데, 이는 독일에서 불법이 아니다. 이런 문구를 명시하지 않았더라도 몇몇 정중한 집주인들이 원칙적으로 외국인에게는 세를 주지 않는다고 거절하기도 하고, 외국인 억양이 들려오면 즉시 전화를 끊어버리기도 한다.

부동산 중개업자의 비밀

세 번째 방법을 선택하면 이런 불쾌한 상황을 피할 수 있다. 단, 돈이 더 든다. 그래도 많은 사람이 타지에서 집을 구하기에 가장 쉬운 이 방법을 쫓아 마클러makler(부동산 중개인)를 찾는다. 사실 건물 임대 광고 대부분을 집주인이 아닌 마클러가 내기 때문에 신문광고를 쫓아가면 보통 마클러에게 연결되기도 한다.

마클러는 광범위한 가격대의 부동산 매물을 다루는데, 임대료가 낮은 건은 그들에게 돌아가는 몫도 적으므로 꺼리는 편이다. 그래도 고객 입장에서는 마클러를 통하면 불필요하게 여러 번 집을 구경 다니지 않아도 된다. 마클러가 먼저 집주인과 상의해 어떤 유형의 세입자를 좋아하는지 알아보고 조율하기 때문이다. 노련한 마클러가 집주인에게 말을 잘 해서 '외국인 사절'이라는 장애물을 치워줄 수도 있다.

어떤 마클러는 전화번호와 주소만 알려 주고서 당신을 혼자 집주인에게 보내는 반면, 또 다른 마클러는 직접 자신의 차로 당신을 집주인에게 안내할 것이다. 많은 사람의 경험담을 들어보면, 당신이 임대 신청을 해놓았어도 마클러가 너무 바빠서 당신에게 먼저 연락을 주지 않는 경우가 많다. 그러므로 당신이 매주 마클러에게 전화를 걸어 적당한 집이 나왔는지 확인하는 것이 좋다. 하루에 한두 번씩 전화하면 마클러가 좋은 매물을 신문광고에 내기 전에 당신에게 먼저 소개할 수도 있다.

마클러를 통해 집을 구하면 일반적으로 세 달치 임대료에 해당하는 수수료를 낸다. 이는 집주인에게 내는 임대보증금(kaution, 카우치온)과 맞먹는 액수이다. 임대보증금은 집주인이 예탁했다가 나중에 당신이 나가면 집에 손상이 없는지 확인한

독일에서 임대 주택을 얻을 때 가장 좋은 방법은 '마클러'라고 부르는 부동산 중개업자를 통하는 것이다. 사진은 베를린 프렌츨라우어베르크 지역에 있는 한 빌딩.

후 '적당한 때'에 이자를 붙여 돌려준다.

한편 임대차 계약서에 서명하기 전에는 한 푼도 미리 지불하지 마라. 집을 실제로 얻기 전에 중개 수수료를 청구하는 것은 불법이다.

괴로우면서도 즐거운 집

이제 모든 장애물을 뛰어넘어 당신에게 맞는 집을 찾았다. 임대차 계약은 당신의 의무일까 아니면 권리일까?

임대보증금에 대해서는 이미 언급했다. 회사가 마련해 준 집에 잠깐 들어가 사는 게 아니라 당신 스스로 집을 빌렸다면 집주인과 합의해 서로 만족하는 기간만큼 임대차 계약을 할 수 있다. 만일 당신이 계약 기간 만료 전에 집을 비울 일이 생긴다면 계약 기간에 따라 집주인에게 최소 3개월에서 1년 전에는 알려야 한다. 또한 당신이 후계 임차인(nachmieter, 나흐미터)을 여러 명 골라 소개해야 하는데, 집주인이 당신이 소개한 후계 임차인을 받아들여야 할 법적 의무는 없다. 집주인이 당신이 소개한 후계 임차인들을 다 거절하고 또 다른 임차인도 찾지 못한다면 당신은 다음 3개월 간의 임대료를 지불해야 한다(임대보증금에서 그만큼 차감된다).

가구가 있는 집과 없는 집

임대주택은 가구가 비치되어 있거나 그렇지 않을 수 있다. 가구가 비치된 집은 물론 임대료가 상당히 높다. 그리고 독일에서 가구가 비치되지 않았다고 명시된 집은 그야말로 사면의 벽과 천장, 바닥뿐 아무것도 없다. 가구는 물론이고 조명 설비를 비롯해 배선과 편의시설을 모두 세입자가 준비해야 한다

(싱크대와 함께 변기와 욕조, 샤워기는 보통 집주인이 무료로 제공하지만 이것마저 세입자가 준비해야 하는 경우도 아주 가끔 있다).

집은 세입자 마음대로 자유롭게 꾸밀 수 있다. 배선이든 벽에 거는 그림이든 무엇이나 가능하지만 집을 나갈 때는 처음에 들어올 때와 같은 상태로 원상복구해 놓아야 한다. 벽에 뚫은 구멍이나 못 자국을 다 메우고, 새로 설치한 선들을 치우고, 창이나 문의 흠집을 수리해 놓는다. 페인트칠 역시 새로 한다. 그렇지 않으면 집주인이 원상태로 바꾸는 데 드는 비용을 임대보증금에서 차감하는데 그 금액이 언제나 세입자가 예상한 비용보다 훨씬 높다.

임차인 보호기구

지면 제약 때문에 다 다루지 못했지만 임차인의 권리와 의무를 자세하게 알려 주는 책과 컴퓨터 프로그램이 상당히 많이 있다. 불행히 모두 독일어로 쓰여 있어서 독일어 실력이 부족한 사람에게는 도움이 되지 못하지만 말이다.

그러나 독일에는 임차인보호협회(Mieterschutzverein, 미터슈츠페아인)가 있어서 회원에게 독일어뿐만 아니라 영어로도 법적인 조언과 온갖 유용한 서비스를 제공한다. 지역과 서비스 범위에 따라 6~50유로의 연회비를 내면 협회 회원이 될 수 있다(연회비가 낮으면 종종 추가 서비스 비용을 받는다). 현재 많은 외국인이 이 단체에 가입해 큰 도움을 받고 있다.

공공 설비 갖추기

주요 장애물을 제거했어도 당신의 새 거주지가 살 만한 곳이 되게 하려면 아직 몇 가지 할 일이 더 남아있다. 가구를 들여놓고 벽을 장식하는 일 외에 기본적인 공공 설비를 갖춰야 한다.

전기와 가스

독일의 공공사업은 10여 년 전부터 조금씩 규제를 완화하고 있다. 그 결과 이제는 가스나 전기 공급자를 당신이 선택할 수 있다. 가장 쉬운 방법은 이전 세입자와 동일한 공급 회사를 선택하는 것이다. 공급 회사를 바꾸고 싶다면 당신이 사는 지역의 전력 회사에 전화해서 기본 사항들을 확인하고 원하는 회사로 바꾸면 된다.

전기와 가스를 새로 신청할 때는 일정한 양식에 이름과 주소, 은행 지로와 같은 최소한의 정보를 적어 제출해야 한다. 하지만 이전 임차인이 나가고 바로 들어갔다면 공익사업소에 연락해 특정 날짜부터 당신이 사용하겠다고 말하고 계약을 옮기면 된다. 단, 당신이 들어가는 날의 계량기 수치를 확인하고 이전 임차인과 합의해야 그가 사용한 비용까지 부담하는 불상사를 막을 수 있다.

전화

독일의 통신 서비스 역시 1999년 초에 규제가 완화되어 지금은 통신 분야에도 민간 기업들이 진출해 있다. 그렇지만 이전에 정부 독점 기업이었던 도이치 텔레콤Deutsche Telekom이 전화 설치에 관해서는 여전히 독점권을 갖고 있다. 소규모 회사들이 이용료도 더 싸고 더 융통성 있는 서비스를 제공하지만 기본 서비스만큼은 여전히 도이치 텔레콤과 거래해야 한다.

전화를 설치하려면 가까운 도이치 텔레콤 '테 풍크트T-Punkt' 서비스센터를 찾아가거나 간단히 01-114로 전화해서 신청한다. 도이치 텔레콤에서 전화기를 빌려주거나 판매하며 대부분의 전자 상점에서도 전화기를 구입할 수 있다(주의사항이 있다. 모든 장비는 도이치 텔레콤의 승인을 받은 것이어야 하므로 구입 전에 승인표가 부착되어 있는지 확인한다).

도이치 텔레콤에서 주는 여러 장의 양식을 채워 넣으면 곧 전화를 이용할 수 있다. 전화선은 가능하다면 이전 임차인이 쓰던 것을 인수하는 게 간편하다. 기본 설치비는 새로 전화선을 깔든 이전 임차인의 것을 사용하든 60유로이다.

전화 요금은 월 기본요금과 실제 통화 요금이 더해져 나오며, 통화 대기 시간이나 발신자 번호 확인 등의 추가 서비스에 대한 요금은 따로 부가된다. 유선 전화 서비스의 기본요금은 단순 아날로그 라인일 경우 15유로이고, DSL이나 ISDN과 같은 디지털 라인은 30유로 이상이다. 후자의 경우 가정용과 사업용을 따로 쓰고 팩스 등을 이용할 수 있도록 다른 번호도 제공된다. DSL과 ISDN 중에서는 DSL의 속도가 대략 12배 빠르므로 인터넷 사용자들이 선호한다(DSL을 이용하려면 150유로 정도 하는 DSL 모뎀이 필요하다).

한편 독일의 전화 요금 청구서에는 자세한 사용 내역이 나와 있지 않다. 아마도 독일의 강력한 사생활 보호법 때문인 듯한데, 도이치 텔레콤에 요청하면 상세 내역을 받아볼 수 있다.

수도

수도 공급은 집주인이 관리한다. 전체 청구서가 나오면 임차인들이 각자 사용한 수도세를 내도록 조정해서 통보하는데,

전기 충격

20여 년 전에 한 친구가 전기료를 내는 것을 잊고 휴가를 떠났다. 그는 휴가를 마치고 돌아와서는 충격적인 고지서를 받고 다음날 전기공사에 찾아가 400마르크가 넘는 전기료를 내고 왔다(전력을 끊은 것에 대해 200마르크, 전기를 다시 들어오게 하는 데 200마르크).

단순히 사용 공간의 크기에 따라 나누기도 하지만 각 임차인이 실제 사용한 양을 측정해 그만큼 내게 하는 방법이 공평하다. 후자인 경우 수도 계량기 측정 서비스(ablesedienst)를 이용해야 하는데, 보통은 수도 업체에서 방문하기 며칠 전에 건물 앞에 계량기를 측정할 날짜와 시간을 공지한다. 그러면 그날 각 임차인은 집에서 대기하고 있어야 하고, 그것이 불가능하면 이웃에게 열쇠를 맡겨서라도 업체 직원이 집에 들어가 계량기를 측정할 수 있게 해야 한다. 이런 방법조차 취하지 않으면 업체에서 두 번째로 방문하는데 그때는 상당한 액수의 추가 비용이 청구된다.

은행 거래

이제 모든 사람이 관심 있어 하는 주제인 돈에 대해 이야기할 차례이다. 돈을 어디에 넣어둬야 하는지 나누어 소개하겠다. 당신은 독일 은행의 목적이 고객의 돈을 잘 보관해 주는 것이라고 생각할지 모르지만, 사실 은행은 독일 경제의 안정과 질서를 유지하기 위해 조직되고 통제된 제도이다. 그래서 규모가 크건 작건 고객에 대한 규제가 엄격해 고객이 돈을 지나치게 자주 또는 많이 인출하면 각종 부과금을 물린다.

이 영역에도 독일 역사의 어두운 그림자가 드리워져 있다. 영국의 경제학자 케인즈가 지적했듯이 각 나라는 그만의 경제적 악몽을 가지고 있는데, 독일의 경우 인플레이션이다(1923년 독일의 극심한 인플레이션을 기억하는가?). 그 결과 독일 정부와 중앙은행인 독일연방은행은 무슨 수를 써서라도 통화를 안정시키기 위해 매우 엄격한 정책을 펴고 있다. 이 정책이 개별 은행까지 내려와 고객의 돈을 포함한 모든 자금의 흐름을 통제한다.

실제적으로 말하면, 고객이 인출할 수 있는 예금액이 어느 정도 제한된다. 일반적으로 한 달에 자기 통장에서 최고 2000유로까지 인출할 수 있다고 은행 규정에 명시되어 있다. 그 이상 인출할 때는 위약금을 물어야 하고, 법정 한도를 초과하는 금액에 대해서는 이자액에도 손실이 있다. 또한 통장의 예금을 전부 인출하려면 보통 3개월 전에 은행에 알려야 한다.

지로 통장

독일에서 독립적으로 재정을 관리하려면 예금 계좌뿐만 아니라 지로 통장 또는 당좌 계정이 필요하다. 지로 통장에 넣어 둔 예금은 언제든지 인출할 수 있지만 대신에 이자가 거의 붙

유로 알기

2002년부터 마르크를 대체한 유로 역시 마르크와 마찬가지로 십진법을 따른다. 1유로는 100센트에 해당한다. 동전으로 1, 2, 5, 10, 20, 50센트와 1, 2유로가 있고, 은행권 또는 지폐 종류는 5, 10, 20, 50, 100, 200, 500유로가 있다. 유로 화폐의 가치는 독일어가 아닌 아라비아숫자로 적혀 있으므로 처음 접하는 사람도 실수할 염려가 없다. 또한 지폐는 시각장애인을 위해 화폐 단위별로 크기가 다르고 양각 마크가 새겨져 있다.

지 않는다. 또한 지로 계정을 유지하는 데 월 10유로의 수수료도 들어간다. 그렇기는 해도 각종 요금과 급여, 회비, 상환금 등 거의 모든 거래가 지로 통장으로 나가고 들어오므로 이 계정이 반드시 필요하다.

지로 통장을 유지하는 데 드는 기본비용은 은행마다 다르므로 몇 곳을 비교해 자신에게 잘 맞는 은행에서 개설하는 게 좋다. 지로 통장과 저축 계좌를 꼭 해외 지점이 많은 거대 은행에서 만들어야 하는 것은 아니다. 규모가 작더라도 최적의 거래 조건을 제시하는 은행을 찾는 것이 더욱 좋다.

가정부

독일에서 좋은 가정부를 찾는 일은 다른 서구 국가들에서와 다르지 않다. 간단히 말해 매우 어렵다. 우선 독일인 가정부는 수가 극히 적고, 요구하는 보수도 높다. 게다가 지급하는 급여에 더해 그에 맞는 비율로 가정부의 사회복지 프로그램 비용(즉 건강보험, 실직 보험, 연금 등)도 내야 한다.

그보다 적은 비용으로 가정부를 고용하려면 아직 독일 사회에 완전히 통합되지 못한 외국인 가정부를 쓰는 방법이 있다. 이들은 원칙적으로 동일한 일을 하는 독일인보다 시간당 임금이 적고 사회복지 프로그램에 가입되어 있지 않다. 대신에 이들을 아르바이트암트나 기존의 에이전시에서 소개받기는 어렵고 친구나 지인, 동료 등 믿을 만한 사람들의 입소문을 통해 구해야 한다.

쇼핑

독일은 거의 50년 동안 쇼핑 시간이 법적으로 제한되어 있다가 2006년 11월에 완전히 자유화되었다. 그 뒤로는 주州별로 영업시간에 대한 규정을 따로 두고 있다. 9개 주에서는 원한다면 주 6일간 매일 24시간 영업이 가능하고, 다른 3개 주에서는 월요일에서 금요일까지 영업이 가능하다. 어떤 주에서는 저녁 10시까지 영업하고 2개의 다른 주(바이에른과 자를란트 주)에서는 공식적 영업시간을 제한해 주중에 저녁 8시, 토요일에는 오후 2시까지 영업한다.

베를린이나 함부르크, 라이프치히 같은 관광 도시의 중심가에서는 늦은 밤 또는 밤새도록 쇼핑할 기회가 있다. 반면에 외진 지역이나 소도시에서는 법에 명시된 폐점 시간에 따라 오후 8시나 6시 반이면 상점 문을 닫는다. 그러므로 자신이 사는 지역의 상점 영업시간을 미리 확인해 두는 게 좋다.

할인 기간

독일의 빅 세일 기간은 1월 마지막 주에서 2월 첫 주까지 전체 상점에서 실시하는 겨울용품 바겐세일(winterschlussverkauf, 빈터슐루스퍼카우프), 그리고 7월과 8월 2주에 걸친 여름용품 바겐세일(sommerschlussverkauf, 서머슐루스퍼카우프) 이렇게 1년에 두 번이 정해져 있다. 이는 대규모 배송과 가격 인하가 가능한 대형 업체들과의 경쟁이 불가능한 작은 업체들을 보호하기 위한 정책이다. 그러나 상점 규모에 상관없이 특정한 개별 품목에 대해서는 언제나 가격 할인을 할 수 있다. 최상의 상품을 좋은 가격에 구매할 수 있는 적기는 바로 세일이 막 시작되는 시점이다.

싸고 좋은 물품

독일은 실용적인 물품이 많기는 해도 사실 소비자의 천국은 아니다. 독일 제품을 쓰기보다 본국에서 가져오고 싶은 물건이 많이 있다. 실제로 본국에 자주 다니는 외국인들은 그렇게 한다. 그래도 눈치 빠른 소비자들이 독일에서 구입해 본국에도 가져가서 쓰는 좋은 물건들이 있다. 가령 몇몇 독일제 가전제품은 독일에서 구입하는 게 더 저렴하다. 다만 많은 가전제품이 본국에서는 작동되지 않을 수 있으니 구입 전에 잘 알아보아야 한다.

독일에서 많이 팔리는 좋은 제품으로 솔링겐Solingen 스틸 주방 용품과 허멜Hummel 도자기 조각상이 있다. 이 물건들은 대도시 어디서나 살 수 있다. 허멜 조각상은 전국 백화점에서 쉽게 구입할 수 있고, 솔링겐 주방용품은 전문 매장에 가서 다양한 종류를 보고 선택할 수 있다.

물론 유명한 슈바르츠발트 산 뻐꾸기시계(독일 남부 검은 숲 지역에서 특산품으로 생산한다. =역주)도 빼놓을 수 없다. 전국에 있는 전문 매장이나 백화점에서 구입할 수 있는데, 제품의 품질이 매우 다양해 질이 아주 낮은 것도 있으므로 구입할 때 째깍거리며 제대로 작동하는지 확인해야 한다.

쇼핑 장소

독일 시스템은 쇼핑하기에 그리 편하지는 않지만 영업시간을 잘 알아두면 괜찮은 곳이 많이 있다. 독일에서는 북아메리카나 아시아, 호주와 같이 대형 쇼핑몰이 크게 인기 있지 않다. 오히려 시내 중심가의 쇼핑 구역이나 도시의 백화점, 내로나 간선도로에 줄지어 있는 작은 상점들이 좀 더 독일적이다.

이런 종류의 번화가로 베를린의 쿠담 거리Kurfürstendamm, 뮌헨의 막시밀리안슈트라세Maximilianstrasse, 뒤셀도르프의 쾨니히스알레Königsallee, 프랑크푸르트의 차일Zeil 거리가 유명하다. 이런 곳들은 접근성도 좋아 토요일에는 인파로 가득하다. 이 점에 유의해 주말에는 아침 일찍 가는 게 좋다.

소비자연합회

전자 제품이나 고가 상품을 살 때, 은행 계좌를 열거나 건강보험을 들 때, 심지어 알맞은 치약이나 냄새제거제를 고를 때 뭐가 좋은지 판단이 잘 서지 않는 사람이 도움 받을 곳이 있다. 놀라울 정도로 폭넓은 물품에 대해 소비자들에게 무료 조언을 해주는 소비자연합회(Verbraucherzentrale, 페어브라우허첸트랄레)가 그것인데, 거의 대부분 시내에 센터를 두고 있다. 여기에 가면 방대한 자료를 열람할 수 있다. 어떤 자료든 장당

© Angelina Dimitrova

프랑크푸르트의 차일 거리에서 랜드마크 역할을 하는 '마이차일' 쇼핑몰. 독특한 외관으로 시선을 사로잡는다.

10~20센트에 복사하고 자료 파일 전체를 1~1.5유로에 훑어볼 수 있다. 전화번호부에서 각 센터의 주소와 전화번호를 찾을 수 있지만 통화량이 상당히 많아 전화로는 충분한 정보를 얻기 힘드니, 필요한 자료가 있다면 직접 찾아가는 게 좋다.

식료품 구입

지난 20여 년 사이 외국산 식료품이 독일에 대량 유입되었는데, 이로 인해 식료품 쇼핑 패턴이 크게 변했다. 다양한 할인점을 이용할 수 있을 뿐 아니라 상당히 다양한 품목의 온갖 식재료를 어느 때나 구입할 수 있게 되었다.

북아메리카나 영국 기준에서 볼 때는 소형이지만 아무튼 슈퍼마켓이 독일 전역에 퍼져 있고, 주요 쇼핑 구역에는 거의 과일과 채소 가판대나 농산물 매장이 있다. 물건의 품질이나 공급 면에서는 여행객들에게도 유명한 프랑크푸르트의 클라인마르크트할레Kleinmarkthalle, 함부르크의 휘셔마르크트Fischermarkt나 겐제마르크트Gänsemarkt, 뮌헨의 빅투알리엔마르크트Viktualienmarkt와 같은 대형 중앙시장이 가장 좋지만 요즘은 동네 가게에서도 망고, 파파야, 얼룩꽈리, 여지와 같은 열대 과일을 1년 내내 구입할 수 있다. 이는 해외여행을 즐기고 돌아온 사람들이 해

미터법

독일에서는 식료품점에서 미터 단위로 측정하는 미터법[7]을 쓴다. 한국과 같은 방식이므로 크게 어려울 것은 없다. 무게를 재서 파는 상품은 보통 그램 단위로 판매한다. 독일에서 파운드는 푼트(Pfund)이며, 정확히 1푼트가 0.5킬로그램 또는 500그램으로 영국 파운드(474그램)와는 조금 차이가 있다. 한편 길이나 넓이는 기본적으로 센티미터 단위로 잰다. 1미터는 영국의 야드보다 약간 길다.

외 식료품을 점점 더 많이 찾고 그만큼 수입량도 증가해서 생긴 현상이다.

벼룩시장

독일 어느 지역에나 있는 플로마르크트Flohmarkt(벼룩시장)에서는 싸고 희귀하며 질 좋은 상품을 구할 수 있다. 벼룩시장은 대개 주말에 마을의 특정 구역에서 서는데, 프리랜서 행상꾼이나 판매원이 작은 가판대나 바닥에 깐 담요 위에 갖가지 물건을 내놓고 판다.

벼룩시장에서 파는 다양한 물건을 다 열거하려면 작은 책 한 권 분량은 될 것이다. 다만 축제장과 같은 이 노천 시장에서는 갖가지 옷, 가전제품, 카세트, 시디, 오래된 레코드판은 물론이고 다양한 액세서리, 자동차나 자전거 부품까지 구할 수 있다. 때로는 집안의 가보를 들고 나오는 상인도 있다. 물

© Pabkov

뉘른베르크 성모교회 앞 중앙광장에서 열린 노천 시장.
이런 장이 독일 여러 도시와 마을에서 정기적으로 열린다.

© Radiokafka

벼룩시장에서는 정말 다양한 물건을 만날 수 있다.

건의 품질 또한 순전한 폐품에서부터 최고 등급 상품까지 다양하다. 주말 벼룩시장은 물건을 사지 않아도 천천히 거닐며 구경할 가치가 충분하다.

건강

독일인은 스스로 너무 건강하게 느끼면 뭔가 심각하게 잘못되었다고 생각한다는 이야기가 있다. 이 농담 뒤에 숨은 진실은, 독일인은 건강에 몹시 신경을 쓴다는 사실일 것이다. "어떻게 지내요?"라는 물음이 단지 수사적 질문이라는 사실을 잘 알고 있을 텐데도 독일인은 그 대답으로 자신의 건강 문제를 전부 쏟아놓기도 한다.

병원에 가기

대부분의 병원은 예약 시간과 진료 시간(sprechstunde, 슈프레슈툰데)을 따로 적어서 붙여놓는다. 일반적으로 독일에서 의사의 진료 시간 중에는 대기실에 환자가 가득 차 있고 진료 시간이 끝날 때쯤 방문하면 마감 시간이 훨씬 지나서야 의사를 보게 되는 경우가 많다.

또한 예약을 해도 대기실에서 기다려야 할 확률이 높다. 예약을 하고 가서도 1시간 이상 기다렸다는 얘기가 흔할 정도이므로 독일 병원에 진료를 받으러 갈 때는 시간을 충분히 확보해야 한다.

건강보험

독일 병원에 사람들이 가득한 또 하나의 이유로 이 나라의 훌륭한 의료보험 제도를 들 수 있다. 독일의 건강보험 체계는 사보험과 공보험이 서로 연계되어 있다. 월 급여가 4575유로 이하인 근로자는 누구나 국가 의료보험에 가입해야 한다. 일반적으로 고용인이 어떤 프로그램에 가입할지를 결정하면 근로자들은 거기에 따른다. 월 소득이 앞의 기준을 넘는 근로자나 자영업자들은 국가 의료보험과 사설 의료보험 중 하나를 선택하든가 아니면 가입하지 않아도 된다. 대부분의 보험은 가입자의 부양가족에게도 혜택을 준다.

독일은 의료보험료가 상당히 비싼 편이다. 국가 의료보험 가입자는 월 급여에서 일정 비율의 보험료가 자동으로 빠져나간다. 근로자인 경우 보험료의 반은 본인이, 나머지 반은 고용인이 내게 되어 있다. 반면에 고용인의 도움을 받지 못하는 자발적 보험 가입자의 경우 본인이 일정 비율을 내고 나머지는 정부가 부담해 준다. 장기 실업자와 퇴직자, 학생, 군복무자나 대체복무 중인 사람들의 보험료는 보통 국가에서 전부 또는 부분적으로 부담한다. 한편 독일인 대부분은 독일에서 가장 큰 지역의료보험조합인 아오카AOK에 가입되어 있다.

독일은 의료보험료가 거의 고통스러울 정도로 비싸기 때문에 보험에 가입한 사람들은 대수롭지 않은 증상에도 의사를 곧잘 찾아간다. 반면에 의료보험에 가입하지 않으면 의료비가 너무 비싼데, 일단 병원에 방문하면 의사 치료를 받기 전에도 40~60유로가 나가고 치료 항목마다 비용이 추가된다. 따라서 돈을 쌓아놓고 살지 않는 한 독일에서 의료보험에 가입하지 않은 상태로 병원에 가는 것은 절대 권할 일이 아니다.

병원 입원 절차

지역 병원에서 치료할 수 없는 질병이거나 주말 또는 공휴일에 병이 났다면 종합병원에 갈 수밖에 없다. 이때 괜찮은 방법은 지역 의료원의 의사가 종합병원에 연락해 접수를 도와주는 것이다. 그러면 질병의 심각성에 따라 당일 또는 며칠 뒤로 환자의 예약 날짜가 잡힌다.

응급상황

불행히도 예상할 수 없는 건강상 문제가 때때로 발생한다. 응급상황이 생겼다면 시간에 관계없이 응급의사(notärzte, 노테어츠테)들의 도움을 받을 수 있다. 응급의료센터(Ärztliche Notfalldienst-Zentrale)에서 응급의사 명단을 제공하고, 전화번호부 업종별 목록 맨 앞에도 이들의 전화번호가 나와 있다. 응급의료센터에 전화를 걸면 안내원이 가장 가까운 곳에 있는 응급의사의 번호를 알려 준다. 또한 심각한 사고나 갑작스런 문제가 발생했을 때는 가장 가까운 종합병원 응급실로 안내해 준다.

만일 경미한 질병에 약으로 치료 가능한 상황이라면 약국에서도 처방을 받을 수 있다. 약국(apotheke, 아포테커) 역시 상업 활동을 하므로 다른 상점들과 마찬가지로 영업시간이 정해져 있다는 사실을 기억하라(보통 오후 6시 반에 문을 닫는다). 비상시 약국은 일반 약국에서 파는 약 외에 의사 처방이 필요한 약들도 조제해 팔 수 있다. 단 영업시간 외에 약을 구입할 때는 법에 따라 2.5유로의 추가 요금이 붙는다.

교육

아이들에 대한 배려

자료에 따르면 독일은 아이들을 위해 투자를 많이 하는 나라이다. 정부에서 연방청소년계획을 운영해 연간 약 1억 유로를 지급한다. 몇 년 전에 비해 지원액이 조금 줄기는 했지만 수많은 과외 활동 프로그램은 물론이고 교류를 포함해 청소년의 정치, 사회, 문화 활동을 폭넓게 지원한다.

1996년부터 모든 아동은 3세부터 법적으로 유치원에 들어갈 권리를 갖게 되었고, 어린 아이들의 필요를 충족시키는 프로그램도 많이 생겨났다. 다만 유치원 입학은 획일적이지 않고 가정 상황에 따라 자율적으로 조율해 오전반과 전일반 중에 선택할 수 있다. 사실 독일의 유치원은 모든 아동을 수용할 만큼 자리가 충분하지 못하며, 특히 인기 있는 지역에서는 유치원 자리를 놓고 매 학기 부모들의 자리 경쟁이 치열하다.

사실상 많은 외국인 부모들은 독일 사회 전반에 따뜻한 분위기와 친밀감, 개방성이 부족해 자녀를 키우기에 최적의 장소는 아니라고 말한다. 또한 독일에는 탁아시설이 부족하고, 이와 마찬가지로 아이들이 부모를 떠나 동급생들과 지내며 상호작용하는 캠프나 여름 프로그램도 많지 않다.

교육제도

그래도 독일에서 칭찬할 만한 면 가운데 하나가 교육제도이다. 독일에 거주하는 만 6세에서 18세까지의 모든 어린이는 의무적으로 학교에 다녀야 한다. 일반 중고등학교인 김나지움에 진학한다면 보통 만 19세까지 학교에 다닌다.

독일에 사는 외국인 부모들이 처음으로 갖는 고민은 아마도 자녀를 독일 학교와 대안 학교 중 어디에 보낼 것인가 하는 점이다. 외국인 자녀 대부분이 독일 학교에 다니고 있지만(실제로 프랑크푸르트 지역의 학생 중 40퍼센트가 '공식적' 외국인이고 다른 대도시도 이와 비슷하다) 국제 비즈니스 분야에 있는 사람들은 자녀를 사립학교에 보낸다. 독일의 교육제도가 다방면에서 칭찬을 받고 다른 나라들이 롤모델로 삼을 정도이기는 하지만 가치 전환기를 거치면서 수준이 한두 등급 하락했고 많이 뒤떨어지는 측면도 드러났기 때문이다.

독일의 의무교육 과정을 간단히 살펴보겠다.

공립학교

공립학교의 최대 장점은 몇몇 교구와 교재를 비롯해(전부는 아니다) 학비가 무료라는 점이다. 독일의 다른 제도들과 비교할 때 교육제도는 양질의 가르침과 훌륭한 성과를 자랑한다.

독일 사회에 적응하는 최선의 방법이 교육임을 고려할 때 자녀를 공립학교에 보내는 것은 매우 효과적이라고 할 수 있다.

초등학교(die Grundschule, 디 그룬트슐레) 첫 4년 동안은 모든 학생이 다 같이 기본 수업을 듣는다. 이어 2년 동안은 학생이나 학부모가 자녀의 진로를 결정할 수 있도록 돕는 진로 또는 진급 수업을 받는다. 이를 바탕으로 학생은 다음 네 가지 진로 중에서 선택할 수 있다.

- **하웁트슐레** Hauptschule(기본학교): 가장 낮은 단계로 상업 분야의 직업을 준비하는 기초 과정.
- **레알슐레** Realschule(실업학교) : 약간 높은 단계로 좀 더 폭넓은 교육을 제공해 상업이나 공공 분야에서 중간 단계의 직위를 준비시키는 과정.
- **김나지움** Gymnasium(중고등학교) : 전통적 학업을 강조하며 대학 진학과 상업 분야에서 더 높은 직위를 준비시키는 과정.
- **디 게잠트슐레** die Gesamtschule(일반교육학교) : 앞의 세 과정을 통합한 학교.

자녀를 어떤 학교에 보내느냐를 결정하는 것 외에도, 학교 제도와 관련해 수많은 불편한 문제가 있다. 그중 하나는 초등학교 졸업 후에 자녀가 다닐 학교가 집에서 가깝지 않다는 것이다. 자녀를 날마다 대중교통 수단에 태워 시내를 가로질러 다니게 할 수도 있다.

여기에다 외국인 부모를 더욱 괴롭게 하는 요소는 학교 수업 시간이다. 독일 공립학교 중에 오후까지 수업하는 곳은 매우 드물다. 정규 수업시간이 보통 오전 8시에서 오후 1시까지이다. 이렇게 정한 근거는 학생들이 힘든 숙제를 하는 데 오후 시간을 활용하라는 뜻이었지만 사회가 점점 변함에 따라 근거가 상당히 퇴색했다. 문제는 부모가 자녀의 방과 후 시간을 조정하는 데 많은 시간을 써야 한다는 것이다.

또한 많은 경우 자녀의 점심식사를 집에서 준비해야 한다. 점심식사는 독일 학교 제도에 포함되지 않은 영역으로, 독일 공립학교에는 교내식당이 없다. 지역 상점이나 학교운동장에 행상이 있기는 하지만 영양 면에서 질 낮은 간식거리가 대부분이어서 집에서 균형 잡힌 양질의 점심식사를 준비해 주는 게 좋다.

한편 독일 학교의 정규 교육 시간이 짧은 것은 독일의 전통적 교육 철학이 앵글로색슨의 철학과는 다르다는 사실을 보여준다. 미국이나 영국의 학교는 아이들에게 과외 활동도 많이 제공하면서 전인 교육에 힘쓰는 반면 독일 학교는 학업 또는 직업 훈련에 초점을 맞춘다. 그밖에 스포츠나 음악 밴드, 토론 모임 등의 활동은 동아리나 교회 조직 등 비학교 단체에서 해결한다.

대안 교육

독일 제도권 안에 대안학교도 많이 있다. 이중에는 독일어 외에 다른 언어로 교육하는 곳들도 있다. 독일어로 교육하는 대안학교로는 종교학교, 발도르프 Waldorf 학교, 몬테소리 Montessori 학교가 있다.

독일의 종교학교는 종교와 도덕 교육을 강조한다는 것 외에는 공립학교와 매우 비슷하다. 독일 전역에 루터교회가 많이 확산되어 있지만 대다수 학교는 가톨릭계이고 유대교와 이슬람교 학교도 있다. 자녀를 종교학교에 보낸다고 해서 부모가 반드시 해당 종교의 신자일 필요는 없으나 학교에서 제시하는 종교적 관점을 존중해야 한다.

발도르프 학교는 루돌프 슈타이너Rudolf Steiner의 비교철학, 즉 인지학人智學[8]에 기초한 대안학교이다. 여기서는 학생의 창의성 개발을 강조하고 예술을 중점적으로 가르치는데, 기본 주제와 교육 기법은 슈타이너의 철학에 크게 영향 받았다. 발도르프 학교는 1919년에 슈투트가르트에 처음 설립된 이래 전 세계로 뻗어나갔으나 지금은 독일에 주로 분포하고 있어 독일 내에만 191개 학교가 있다.

몬테소리 학교도 발도르프 학교와 비슷하게 개별 학생의 창의성 장려를 강조하고, 대안교수법을 통해 학생들의 인격 개발에 힘쓴다. 보통 유치원 과정으로 운영된다.

자녀를 독일학교 또는 다른 학교에 보내는 문제는 아이의 독일어 실력과, 아이가 독일어로 진행되는 학교 프로그램을 성공적으로 따라갈 수 있느냐를 보고 결정해야 할 듯하다. 독일에서 거의 10년을 만족스럽게 살았던 나의 두 친구는 자녀가 학교에 들어갈 시점이 되자 미국으로 돌아가기로 결정했다. 나는 그들의 딸이 독일에서 태어나고 자랐음에도 독일어를 유창하게 구사하지 못하는 것을 보고 이런 결정을 예상했다. 아이가 성격이 매우 밝은데도 학업을 잘 못 따라가 학교에서 이방인 취급을 당할까봐 부모는 걱정했던 것이다.

외국어 학교

만만치 않은 학비를 낼 마음과 능력이 있다면 영어를 쓰는 대안학교를 생각해도 좋다. 가장 유명하고 평이 좋은 국제학교들은 대개 미국 학제에 기초하고 있으며 학교 프로그램에 과외활동이 포함되어 있다. 국제학교는 유치원에서부터 미국 고등학교 학위와 대학입학 자격시험 과정까지 운영된다.

베를린과 뒤셀도르프, 프랑크푸르트, 함부르크, 뮌헨에 일본어 전일제 학교가 있고, 본과 브레멘, 프랑크푸르트, 뮌헨, 뉘렌베르크, 슈투트가르트에는 일본어 정시제 학교도 있다. 이 학교들은 당연히 일본의 학사제도를 따른다. 본과 뒤셀도르프, 프랑크푸르트, 프라이부르크, 함부르크, 뮌헨, 자르브뤼켄, 슈투트가르트에는 프랑스어 학교도 있다.

십대 청소년

대부분의 현대 산업 사회에서 그렇듯이 독일에서도 십대 청소년은 문젯거리이다. 먼저, 다른 나라에서 온 십대 청소년을 살펴보면 이들은 앞서 언급한 외국인이 겪는 모든 어려움에 직면하기는 해도 윗세대보다는 좀 더 유연하고 개방적이다. 하지만 새로운 환경에 와서 적응하려고 애쓰는 가운데 부딪히는 모든 시련이 십대 개개인의 감수성에 따라서는 다른 나라보다 독일에서 더욱 심할 수 있다.

독일에 온 부모들이 곤란하게 생각하는 점 하나가 합법적인 음주 연령이다. 독일에서는 만 18세가 되면 누구나 술을 구입하고 마실 수 있다. 그러나 현실에서는 그보다 두세 살 어린 청소년들이 클럽이나 디스코텍에서 일상적으로 술을 마시고 슈퍼마켓에서 아무 문제없이 술을 구매한다. 특히 보수적인 사회에서 온 십대를 비롯해 많은 청소년이 이런 자유를 제대로 관리하지 못하고 또래들에게 휩쓸리기 쉽다. 독일로 막 이

베를린 훔볼트 대학교의
도서관.

© katatonia82

주해 온 부모라면 십대 자녀가 책임감을 갖고 자유를 조절할 수 있도록 관심을 기울여야 한다.

애완동물

독일인은 애완동물을 무척 사랑한다. 어떤 독일인이 아내나 자녀를 자신이 키우는 강아지처럼 사랑한다고 말한다면 그는 매우 모범적인 남편이자 아버지라고 생각하면 된다. 보통의 독일인이 애완동물을 아끼는 만큼 누군가를 대우한다고 말하면 그것은 최상의 대우를 하고 있다는 뜻이다.

하지만 독일에 온 외국인들에게는 안됐지만 이들의 동물에 대한 애정은 독일산 애완동물에게만 한정된 것 같다. 외국에서 데려온 애완동물에 관해서는 규정이 매우 복잡하고 까다로우며 그것도 원산지에 따라 다르게 적용된다.

교통

독일은 훌륭한 교통 체계 덕분에 시내 이동이나 전국 여행을 다니기에 상당히 좋은 나라이다. 독일인은 이런 교통 체계를 꽤 자랑스러워하며 마땅히 그럴 만하다.

지역 교통수단

대부분의 독일 도시나 시내를 다니는 데 어려움이 거의 없다. 집 앞까지는 아니더라도 언제나 원하는 곳 근처까지는 대중교통이 닿기 때문이다.

버스가 대부분의 도시 중심가를 가로지르며 마을 곳곳을 연결한다. 대도시에는 우반U-Bahn이라는 지하철 라인이 촘촘히 연결되어 있어서 시내를 구경하기보다 빨리 목적지에 닿기를 원하는 여행객을 실어 나른다. 또한 버스와 지하철의 두 방식을 결합한 시내전차 또는 트램Tram은 특히 통일 후 새로 통합된 동부 지역에 많다.

탁월한 에스반

독일의 훌륭한 교통 체계에서 손꼽을 만한 것으로 에스반S-Bahn(교외전차)이 있다. 이 고속전차가 대도시와 주요 외곽을 이어준다.

에스반은 보통 시내 중심부에서는 지하로, 중심부를 벗어나면 지상으로 올라와 달린다. 매우 편리하지만 우반만큼 자주 운행하지는 않는다. 따라서 두 노선이 모두 다니는 목적지에 갈 때는 우반을 선택하는 것이 적절할 수 있다. 에스반은 주로 교외 거주자들의 통근 수단으로 운행하기 때문에 일요일에는 운행 횟수가 대폭 줄어 시간 당 1회, 혹은 아예 운행하지 않을 때도 있다.

승차권

에스반이나 우반 역에 들어서면 매표소나 회전식 개찰구, 출입문이 없어서 무료 승차가 아닐까 하고 의아할지 모른다. 그러나 세상에 공짜는 없다. 대부분의 독일 대중교통은 무감독의 '명예 체계'로 운영되는데 이를 악용해 승차권 없이 탔다가 적발되면 혹독한 처벌을 받는다. 그러므로 모든 승객은 역 안에 비치된 자동 승차권 구입기에서 탑승 전에 꼭 승차권을 구입해야 한다. 승차권 구입기는 보통 한 층 위에 있다.

베를린 오베르바움 다리 앞으로 지나는 지하철, U반

승차할 때는 승차권을 검사하지 않지만 모든 열차와 전차, 버스에 검사원이 정기적으로 올라와 승차권을 확인한다. 이때 승차권 없이 탄 것이 적발되면 도시에 따라 25유로에서 60유로의 벌금을 내야 한다.

몇몇 도시에서는 버스 검사원이 퇴근한 오후 8시 이후에는 승객이 앞문으로 타면서 운전사에게 승차권을 보여 주거나 직접 구입해야 한다. 승차권 가격은 도시에 따라 다르지만 일반적으로 기본요금이 1.2유로에서 3.5유로이다. 교외로 멀리 나갈수록 요금이 올라간다. 반 홈페이지(www.bahn.de)에서 각 역과 목적지에 해당하는 요금을 영어 및 여러 외국어로 확인할 수 있다.

정기권

대부분 도시의 주요 역에 설치된 특별 매표소에서 주 또는 월 단위 정기권을 구입하면 훨씬 편하게 이용할 수 있고, 대중교통을 정기적으로 이용하는 고객이라면 비용도 크게 절약된다. 그러나 시골의 조용한 마을에서는 대중교통이 제한적이고 저녁에는 아예 다니지 않아 주민들도 자가용이나 택시를 이용하므로, 지역에 따라 정기권 구매를 고민하도록 하라.

에스반을 포함한 모든 대중교통은 저녁 피크 시간이 지나면 운행 횟수가 줄어든다. 열차와 버스의 막차 시간은 자정에서 새벽 1시 사이이고 오전 5시에 운행을 재개한다. 그러나 베를린은 밤새 버스를 운행하고 프랑크푸르트, 함부르크와 같은 몇몇 도시에서는 주말에 늦은 밤까지 버스를 운행한다.

최근에 대도시 대중교통 이용 승객을 대상으로 한 범죄가 증가해 많은 승객이 저녁시간 이후에는 대중교통 이용을 꺼려했다. 경찰견을 동반한 안전요원들이 열차를 순찰하면서부터 신뢰감이 다소 회복되었지만 그들이 한꺼번에 전 객차의 안전을 담당하기는 어렵기 때문에 교통 당국은 승객들에게 저녁에는 운전사가 볼 수 있는 앞 칸에 타도록 주의를 주고 있다.

© Shanti Hesse

지하철 승차권 자동 발매기. 승차할 때 검사하지는 않지만
티켓 없이 탑승했다가 걸리면 많은 벌금을 내야 한다.

택시

많은 대중교통 이용자들, 특히 범죄의 주요 피해자가 되는 여성들은 이런 조치에도 여전히 안심하지 못하기 때문에 저녁에는 택시를 많이 이용한다. 택시는 독일의 모든 도시와 대부분의 작은 마을에서 충분히 운행되고 있으며 믿을 만한 서비스이다.

독일 택시는 대부분이 흰색 메르세데스 벤츠이기에 상당히 멋스럽다. 대신에 이런 사치의 대가를 치러야 한다. 많은 외국인이 독일의 택시요금이 약간 비싸다고 여긴다.

연방철도

장거리 여행을 한다면 연방철도가 안성맞춤이다. 독일은 철도망이 넓고 대체로 잘 연결되어 있어 편리하기 때문이다. 다만 독일 남북을 잇는 철도망에 비해 옛 동독 지역을 지나는 노선은 약간 낙후된 편이다. 그럼에도 옛 동독 지역은 상대적으로 자동차가 많지 않기 때문에 전통적으로 구서독 지역보다 철도 의존도가 높다. 적어도 철도 여행에 있어서 동부의 새로운 주들은 정치가들이 말하듯 '꽃처럼 피어나는 곳'이다.

다양한 열차

연방철도는 복잡한 이름을 가진 다양한 종류의 열차 서비스를 제공한다. 비교적 짧은 거리를 이동한다면 에죽E-Zug(근교쾌속열차)이나 데죽D-Zug(보통열차)을 이용하면 된다.

다만 원거리를 갈 때는 가능하면 데죽을 피하고 그보다 훨씬 빠르고 안락한 IR(국제지역간급행열차)이나 IC(도시간급행열차), ICE(도시간특급열차)를 이용하는 것이 좋다. ICE는 최고속력이 시속 250~280킬로미터이며, 카드로 작동 가능한 전화와 팩스 등 사무기기는 기본이고 1등실에는 비디오 시설까지 갖추었다. 식당 칸, 생맥주가 있는 스낵 칸, 최첨단 화장실도 구비되어 있다.

기차 요금은 킬로미터 당 단일 요금에 기초하며 IC와 ICE, IR에는 추가 요금이 붙는다. 열차를 자주 이용한다면 반카드 BahnCard(독일철도청할인카드)를 구입하는 게 좋다. 반카드는 세 가지 종류가 있는데, 종류에 따라 25퍼센트 할인, 50퍼센트 할인 또는 1년 동안 독일 전역 사용 혜택을 받을 수 있다. 가격은 2등석인 경우 1년에 62유로에서 4090유로, 1등석인 경우 125유로에서 890유로 사이이다.

금요일과 일요일 오후, 월요일 오전은 이용객이 많아 열차가 크게 붐빈다. 이때 이용하려면 1주일 전에 좌석을 예약하는 게 좋다.

항공

독일의 철도망은 유럽 내 다른 국가의 철도망과도 연계가 잘 되어 편리하고 가격도 싼 편이다. 그러나 먼 거리를 이동해야 하는 경우, 외국인이 이용하기에는 역시 항공을 추천할 만하다.

독일에는 공항이 35개나 있으며 가장 큰 공항은 프랑크푸르트암마인 국제공항이다. 프랑크푸르트 공항은 시설 면에서 유럽에서 가장 크고 붐비며 선두적인 화물운송 센터를 갖추었다. 또한 최고의 쇼핑 시설과 은행, 응급병원, 최상의 회의 센터를 포함해 수많은 장점이 있다. 많은 여론조사에서 프랑크푸르트 공항이 유럽에서 최고 또는 두 번째로 좋은 공항으로 선정된 바 있다.

또 다른 공항들

독일의 국제항공편 대부분은 프랑크푸르트 공항을 이용하지만 전세기들은 독일 제2의 공항인 뒤셀도르프 국제공항을 선호한다. 프랑크푸르트 공항은 세계를 오가는 항공기들이 드나드는 반면에 독일의 다른 몇몇 공항들은 유럽만을 오가는 항공기들이 이용한다. 현재 베를린에는 작은 공항이 3개 있는데 그다지 쾌적하지는 않다. 2005년 스카이트랙스Skytrax 세계 공항 순위(승객들이 순위를 매긴다)에서 라이프치히 할레 공항이 동유럽에서 1위, 뮌헨 공항은 세계 4위이자 유럽 1위로 선정되었다.

자동차 사랑

이처럼 대중교통 체계가 훌륭하기 때문에 독일에서 자동차가 사라지지 않을까 하고 걱정할지 모르겠지만 현실은 정반대이다. 독일의 자동차 등록 대수가 지난 40년 동안 800만 대에서 6000만 대로 급등했고 이런 증가세는 계속되고 있다.

운전 규칙

제4장의 '운전면허증' 항목에서 살펴봤듯이 독일에서 자동차를 운전하려면 독일 운전면허증이 있어야 한다. 독일에서는 국제운전면허증이 1년 이상 유효하지 않기 때문이다.

독일의 도로표지판은 때로는 유럽인, 심지어는 독일인에게도 특이하게 보이기 때문에 차를 몰고 도로로 나서기 전에 도로표지판에 대해 잘 숙지해 두어야 한다. 또한 교통법규 역시 다른 유럽 국가와 달리 독일에서만 독특하게 사용되는 것이 있으므로 익숙해져야 한다.

© Anton_Ivanov

독일 주택가에 세워진 자동차들. 대중교통이 아무리 발달했어도
독일인의 자동차 사랑은 멈추지 않는다.

여기에 더해, 길에서 툭툭 튀어나오는 자전거나 오토바이 이용자들에 대해서도 주의해야 한다! 독일 대부분 도시에는 자전거 도로가 따로 있고 오토바이 이용에 대한 엄격한 규제가 있지만 자전거나 오토바이 이용자들이 이를 잘 지키지 않고 갑자기 앞으로 튀어나올 때가 종종 있다.

시내 운전

독일 대부분의 시내 도로를 보면 낮에는 자동차 행렬이 죽 늘어서 있고 짙은 배기가스로 숨이 막힐 지경이다. 이런 상황은 늦은 저녁까지 계속된다. 최근 한 조사에 따르면 독일 운전자들이 연간 평균 65시간을 정지신호나 앞을 막아선 차를 바라보는 데 쓴다고 한다.

아우토반

전설에 가까운 독일의 고속도로 아우토반은 전 세계 운전 마니아들에게 타지마할이나 성지, 에베레스트 산, 천국과도 같은 곳이다. 자동차를 운전하는 사람이라면 누구나 들어봤을 정도로 유명하며 그만큼 환상적인 운전 경험을 제공한다.

그러나 이 세계적인 고속도로에 진입한 외국인들은 일반적으로 다음 두 가지 중 하나의 반응을 보인다. 무제한의 속도와 자유를 즐기며 환호하든가, 아니면 독일 운전자들은 자신의 목숨뿐 아니라 다른 운전자들의 목숨도 위태롭게 하면서 운전한다는 사실을 깨닫고 절망과 공포를 느끼든가.

사실 아우토반은 1930년대 나치 시대에 대규모 공공사업의 일환으로 건설되기 시작해서 지금은 동서로 거의 1만 2000킬로미터나 뻗어있다. 특히 옛 서독 정부가 고속도로에 들어가는 지출에는 언제나 관대했기 때문에 서독에서 베를린까지의 구간은 비교적 잘 정비되어 있다.

아우토반은 잘 알려져 있다시피 대부분 구간에 속도 제한이

독일에서 운전할 때 주의할 점

정상적인 사람들이 왜 훌륭한 대중교통을 이용하는 대신에 교통체증과 진저리나는 일방교통로의 미로 속에 갇히고 주차난에 시달리는 길을 선택할까? 이유는 간단한다. 자가용을 몰면 자기가 원하는 아무 때나 떠나고 돌아올 수 있기 때문이다. 그렇지만 어느 순간에는 마음이 흔들릴 수도 있다. 독일 시내에서 운전할 때 주의해야 할 사항 몇 가지를 소개하겠다.

- 차가 막히는 구간을 지나가야 한다면 미리 자가용을 주차장에 세워놓고 대중교통을 이용하는 게 좋다. 그러면 짜증을 낼 필요가 없어지고 돈도 절약된다.
- 독일의 운전자들은 신호등이 파란불로 바뀌는 즉시, 또는 바뀌기 직전에 출발하는 경우가 많고, 신호가 바뀌었을 때 천천히 움직이는 것을 못 참는다. 신호가 바뀌면 꾸물거리지 말고 즉시 움직여라.
- 그렇지만 빨간불을 무시하고 달리지는 마라. 그랬다가는 카메라에 자동차 번호판이 그대로 찍히고, 독일 교통경찰에게는 어떤 변명도 통하지 않는다.
- 단지 지도만 의지해서 길을 떠나지 마라. 목적지까지 가는 데 일방통행로만 있고 지도가 1년이 안 된 최신 것이 아니라면 말이다. 만일 교통지도만 믿고 갔다가는 이상한 길로 접어들어 짜증나는 상황이 발생할 수 있다. 지역 사람들에게 길을 묻거나 양면도로와 같이 넓은 길을 택하라.
- 독일은 거주 지역 대부분의 도로가 '거주자 전용 주차' 구역이다. 좁은 도로에 차를 세울 때는 거주자 전용 주차 표지판(불행히 독일어로만 적혀 있다)이 없는지 확인해야 나중에 낭패 보는 일이 없다.
- 독일의 많은 도시에는 버스와 택시들만 다닐 수 있는 버스 전용 도로가 있다. 이런 곳은 우회전할 때를 제외하고는 모든 자가용의 이용이 금지되어 있다.

없다. 사실상 여기서 낼 수 있는 속도는 공기역학과 자동차의 성능에 달려 있다. 따라서 시속 160~200킬로미터는 보통이고 몇몇 수퍼카들은 이보다 훨씬 높은 속도를 내기도 한다.

© Vander'Wolf Images

© Philip Lange

속도 무제한의 고속도로 아우토반. 주말에는 캠핑용 트레일러와
각종 레저 장비를 매달고 달리는 자동차가 아우토반을 가득 메운다.

잠시 멈추기

때로는 아우토반에 길게 뻗은 자동차 행렬이 거대한 주차장을 방불케 하는데 이런 광경은 특히 연휴 초반부터 끝나는 날까지 계속된다. 문제는 아우토반의 많은 구간이 여전히 2차선으로만 되어 있어 쉽게 정체된다는 것이다. 그러면 시속 180~200킬로미터로 질주하던 차들이 갑자기 속도를 늦춰야 할 때 매우 위험한 상황이 발생한다.

실제로 독일은 교통사고 사망률이 굉장히 높은 편이고 아우토반에서 일어나는 사고 대부분이 연쇄충돌이다. 텔레비전 뉴스 보도에 따르면 사고 원인은 기후 상황에 맞지 않는 과속인 경우가 대다수이다. 이는 많은 운전자가 아우토반 이용자들에게 공표된 응급시 제한 속도를 지키지 않고 있다는 사실을 분명히 보여 준다.

만일 날씨나 당신의 몸 상태가 별로 좋지 않고 거대한 휴일 인파가 몰릴 것 같으면 주저하지 말고 자가용은 놓아두고 훌륭한 철도 시스템을 이용하라. 아니면 호텔과 갖가지 서비스가 결합된 특별할인 항공편을 예약하는 것도 좋다. 독일을 여행할 때는 한 가지 이상의 교통 방법을 이용하는 게 최선이다.

6
독일의 음식

"마르틴 루터가 독일을 진동시켰으나
프랜시스 드레이크가 다시 진정시켰다.
감자를 준 것이다."

– 하인리히 하이네

전통 음식

직설적이고 실용적인 독일인의 특성은 전통 음식에서 비롯된 게 틀림없다. 독일 음식은 열심히 일을 해도 먹을거리가 다양하게 나지 않는 척박한 기후 조건 그리고 시간에 엄격한 사람들에게 딱 적합해 보인다. 독일의 표준 식단은 다소 간단하면서 평범하게 준비할 수 있는 대신에 푸짐하다. 전형적인 독일 요리는 부족한 세련미를 양으로 채워 넣는다고 말할 수 있다. 이 때문인지 독일 음식의 유일한 문제는 먹고 나서 며칠이 지나야 다시 배고파진다는 오래된 농담도 있다.

육식을 즐기다

독일인은 대부분 헌신적인 육식 애호가이다. 어떻게 '헌신적'이라는 말인가? 1980년대 중반 세계적으로 건강에 관심이 많아져 많은 사람이 고기 섭취를 줄일 때도 독일은 서구 국가 중 그 반대로 행한 유일한 나라였다.

고기를 좋아하는 독일인은 돼지나 송아지 정강이인 슈바인스학세schweinshaxe나 칼브스학세kalbshaxe처럼 큼직한 덩어리 고기를 좋아한다. 그래서 독일의 음식 문화 가운데 중산층 요리의 주된 특징은 큼직하게 썬 고기에 감자와 국수, 경단 그리고 채소를 곁들인 음식이다.

독일 요리에서 돼지는 신성시된다. 기르기 쉬울 뿐 아니라 영양과 칼로리를 한 번에 해결해 주기 때문이다. 흥미롭게도

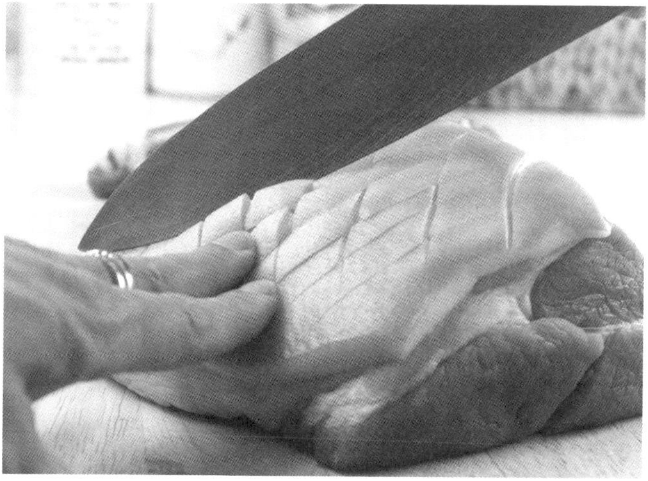

독일 사람들은 육류를 정말 즐긴다.
돼지족발과 같은 덩어리 고기를 즐기는 것이 우리와 비슷하다.

요리 역사학자들의 연구에 따르면 수세기 전에도 독일인은 일반적으로 돼지고기를 가장 맛있게 여겼다고 한다.

또한 독일 요리는 돼지의 울음소리를 제외한 모든 부분을 활용한다는 옛말도 있다. 정말로 그렇다. 독일에서만큼 다양한 돼지고기의 부위와 요리법은 어디서도 보지 못할 것이다. 가격 또한 다른 고기에 비해 저렴하다.

돼지고기 외에 독일에서 흔히 먹는 고기로는 사슴, 닭, 칠면조가 있다. 양고기는 이슬람 인구가 증가하면서 비교적 최근에 많이 퍼졌지만 여전히 독일 식탁에서는 이국적인 음식이다. 거위는 소수의 독일인이 11월 11일 성 마르틴 축일과 크리스마스 같은 기념일에 먹는다. 그러나 이런 전통이 희미해지면서 내가 아는 독일인 대부분은 크리스마스 만찬 때 칠면조 고기나 햄을 먹고, 성 마르틴 축일은 거의 지키지 않는다.

슈니첼

아마도 독일 음식에서 자우어크라우트sauerkraut(소금에 절인 양배추)를 제외하고 가장 유명한 것은 슈니첼schnitzel(송아지 커틀릿)과 부어스트wurst(소시지)일 것이다. 슈니첼은 기본적으로 고깃덩어리를 뜻하는데 커틀릿[9]과 비슷하다고 보면 된다. 송아지, 닭, 칠면조 등 어떤 고기로도 만들 수 있으며, 짐작하겠지만 독일에서는 돼지고기를 가장 많이 쓴다.

비너슈니첼wiener schnitzel은 고기를 아주 얇고 길게 늘인 다음 빵가루를 묻혀 튀긴 독특한 커틀릿이다. 본고장인 빈에서는 접시 가장자리까지 늘이지 않으면 이상하게 여길 정도로 길게 늘여서 만든다고 한다.

부어스트

부어스트는 소시지를 뜻하는 독일어인데, 북아메리카와 영국에서 '부어스트'라고 하면 특별히 독일 소시지를 가리킨다. 사실 부어스트는 기본 재료로 인해 원래는 가난한 사람들만 먹었다고 하나, 지금은 독일 대중에게 지속적이고 깊은 사랑을 받는 음식이 되었다.

기본적인 부어스트는 저민 생고기(돼지나 소, 송아지, 닭, 토끼, 말)에 양념과 가끔은 곡류를 섞어서 다양한 방법으로 요리한다. 고기를 잘게 저며 형체를 알 수 없기 때문에 보통은 잘 먹지 않는 부위를 이용해서 만든다. 전통적으로 부어스트의 껍질은 소나 돼지, 양의 창자로 만들었지만 요즘은 식용 비닐이나 하이드로셀룰로오스 같은 합성 소재로 만든다. 합성 소재로 만든 껍질은 벗겨내고 먹어야 한다.

일반적으로 독일인은 부어스트를 두 가지로 구분한다. 하나

독일인이 주식으로나 간식으로나 즐겨 먹는 부어스트.

는 잘라서 먹거나 빵에 넣어 먹는 굵은 것이고, 다른 하나는 작아서 한 입에 먹을 수 있는 뷔어스첸würstchen이다(독일어에서 chen은 '작은'을 뜻한다). 대부분 사람들이 '소시지'라고 생각하는 것이 아마 뷔어스첸일 것이다. 뷔어스첸은 주식으로 먹을 때 자우어크라우트나 감자 또는 감자 샐러드를 곁들이고, 간이식당에서는 스낵으로 간단히 먹기도 먹다.

부어스트나 뷔어스첸의 종류는 굉장히 많아 각각 생산되는 지역의 이름을 붙이고, 지역에 따라 양념과 고기의 조합과 맛이 다양하다.

채소

전통적으로 독일 요리는 영국 요리와 비교할 때 약간 독창적이고 재료가 많이 들어가며 기발하다는 점은 인정하지만 서로 비슷한 면이 많다. 육류와 채소를 다루는 방식이 특히 그렇다. 독일은 기후가 그리 쾌적하지 못하므로 거친 환경도 잘 견뎌내는 튼튼하고 영양가 풍부한 채소가 많다.

양배추

독일어로 양배추는 크라우트kraut이다. kr로 시작하는 많은 독일어 단어를 보면 양배추가 얼마나 중요한 채소인지 추측할 수 있을 것이다. 양배추는 독일에서 매우 흔한 채소이기에 콜kohl이라는 제2형이 있고 독일 주방에서 오래전부터 쓰여 왔다. 예를 들면 이렇다. 로트콜rotkohl 또는 로트크라우트rotkraut(붉은 양배추), 레젠콜resenkohl(싹양배추), 블루멘콜blumenkohl(꽃양배추), 그륀콜grunkohl(케일), 코프콜kopfkohl(흰 양배추), 자우어콜sauerkohl(소금에 절인 양배추), 바이스콜weisskohl(흰 양배추), 콜라비cohlrabi.

독일의 전통적인 채소 조리 방식은 형태를 알아볼 수 없을 정도로 푹 삶는 것이지만 요즘은 향과 영양소를 최대한 유지

자우어크라우트를 담그는 모습. 독일에서 양배추(크라우트)는 거의 모든 요리에 들어가거나 곁들여 먹는 재료다.

하는 방식으로 많이 바뀌었다.

감자

이 장 첫 부분에 제시한 하이네의 인용문처럼 독일 식탁에 가장 자주 등장하는 채소가 소박한 감자(kartoffel, 카르토펠)다. 대부분의 유럽 국가들과 마찬가지로 독일에도 16세기가 되어서야 감자가 들어왔는데 그 후로 급속히 확산되었다. 물론 부분적으로는 프로이센의 가공할 프리드리히 대왕의 칭찬에 힘입어서였지만 말이다.

독일인은 감자를 다양한 방식으로 조리하지만 대개는 삶거나 프라이팬에 볶거나 으깬다. 때로는 프랑스식으로 껍질을 벗겨 잘게 썰어서 기름에 튀기기도 하는데(이름도 프랑스식으로 폼므 프리트pommes frites라고 한다) 이것은 독일에서 아주 오래전부터 해먹던 감자 팬케이크(kartoffelpuffer, 카르토펠푸퍼)와 비슷하다.

감자는 전통적으로 북부와 남동부에서 많이 먹는다. 반면에 남서부 지역에서는 파스타를 선호한다. 독일에서 감자를 대신할 만한 음식으로는 경단과 비슷한 덤플링(독일어로는 kloss, 복수형은 klöss)이 있다. 이것은 밀가루에 감자 간 것과 계란을 섞어 간을 한 다음 둥글게 뭉쳐서 끓는 물에 넣어 만든다. 상당히 푸짐한 음식이므로 양을 생각해서 주문해야 한다.

지역 요리

이 외에도 독일에서 산다면 최소한 한 번은 먹어볼 만한 지역 요리들이 많이 있다. 상당히 다양한 요리 가운데서 제철에 해당 지역에 가면 맛볼 수 있는 유명한 요리들만 몇 가지 추려

보았다. 이 중에 몇 가지는 사실 너무나 유명해서 지금은 독일 어느 지역에서나 맛볼 수 있다.

- **아이스바인**Eisbein

문자 그대로 '얼린 족발'이라는 뜻이다. 소금에 절인 돼지족발로 베를린에서 인기가 좋다. 자우어크라우트나 으깬 노란 완두콩과 함께 먹는다.

- **핀켄베르더 숄레**Finkenwerder Scholle

가자미를 베이컨과 함께 프라이팬에 볶은 간단하지만 훌륭한 함부르크 요리이다. 시큼한 감자 샐러드 또는 채소 샐러드와 함께 먹는다.

- **가이스부르거 마르슈**Gaisburger marsch

뷔르템베르크에서 즐겨 먹는 스튜로, 소 가슴살에 얇게 썬 감자와 슈페츨레spätzle(경단), 양파 등 몇 가지 채소를 넣고 끓인다.

- **그뤼네 조세**Grüne Sosse

프랑크푸르트의 특별 요리이다. 보통 골파, 수영, 파슬리, 스위트 바질, 처빌, 갓, 딜, 에스트라공, 미나리와 같은 다양한 허브와 크림을 넣어 만든다. 대개 삶은 달걀, 감자와 함께 나오고 육류를 좋아하는 사람은 삶은 소고기를 곁들인다. 봄과 여름 그리고 초가을까지 먹을 수 있다. 겨울에는 냉동 허브를 쓰기 때문에 맛이 별로 좋지 않다.

- **그뤼콜**Grünkohl(또는 브라운콜Braunkohl) **미트 핑켈**mit Pinkel

브레멘의 혹독한 겨울에 잘 어울리는 특별 요리로, 약간의 베이컨이나 돼지 옆구리 살, 기름진 소시지와 함께 케일을 쪄낸다.

- **카슬러 립헨**Kassler Rippchen

처음에는 베를린에서 먹기 시작한 훈제 폭찹(돼지갈비살)으로,

지금은 독일 전역에서 사랑받고 있다. 자우어크라우트와 으깬 감자와 함께 먹는다.

● **쾨니히스베르거 클롭스**Königsberger Klops

동 프로이센에서 먹기 시작하다가 독일 전역으로 확산된 풍미가 강한 미트볼이다. 간 소고기나 돼지고기, 청어에 양파, 빵 조각과 함께 반죽해서 튀긴다. 레몬주스와 케이퍼[10]를 곁들여 먹는다.

● **랍스카우스**Labskaus

독일 북부 해안 지역에서 먹는 전통적이면서 간단한 요리이다. 어부들이 아침식사로 먹기 시작했는데 지금은 어부가 아닌 일반인들이 하루 한 번은 주 요리로 먹는다. 소고기와 청어, 적근대, 감자를 잘게 다지고 섞어서 조리해 따뜻하게 먹는 독특한 다진 고기 요리이다.

● **레베르캐제**Leberkäse

바이에른 지역의 특식인데 프로이센 지역으로 전파되었다. 이름 자체는 '간 치즈'라는 뜻이지만 치즈도 간도 들어 있지 않고 저민 돼지고기를 쪄낸 요리이다. 바삭한 껍질이 생기도록 부분적으로 굽는다. 강한 겨자 소스와 자우어크라우트를 곁들여 먹는다.

● **라이프치거 알럴라이**Leipziger Allerlei

당근과 완두콩, 꽃양배추, 콩, 버섯 같은 야채를 섞어 버터에 볶고 닭 육수와 크림을 섞은 요리로, 라이프치히 지역에서 시작되어 독일 전역으로 확산되었다. 그 자체로 간단한 식사가 되기도 하고, 육류 요리에 곁들이는 비타민이 풍부한 반찬이기도 한다.

● **마울타셰**Maultasche

남서부 슈바벤 지역의 라비올리 파스타이다. 저민 송아지고기나 돼지고기, 훈제 베이컨, 파슬리를 넣고 육두구 식물로 향을 낸 뒤 소고기 육수를 부어 먹는다.

● **라이니셔 자우어브라텐** Rheinischer Sauerbraten

독일에서 가장 유명한 요리에 속하는데, 많은 사람들이 라인 지방 버전을 최고로 칭찬한다. 소고기를 레드커런트 잼과 크림, 양파, 건포도, 레드 와인을 섞은 새콤달콤한 소스에 재운 뒤 살짝 튀긴다.

● **바이스뷔어스테** Weisswürste

송아지 고기와 허브를 섞어 만든 바이에른 지방의 소시지로, 색이 처음에는 하얀색에서 점차 회색으로 바뀐다. 남부 지방에서 여전히 사랑을 받고 있으며 바이에른 머스타드 소스에 찍어 먹는다.

● **로테 그뤼체** Rote Grütze

알파벳 순서를 무시하고 요리를 소개한 것은, 북부 독일에서 유일한 디저트인 이 음식을 마지막에 선보이려는 의도에서였다. 이 음식은 익힌 과일 푸딩으로 체리와 딸기, 라즈베리, 사고야자, 타피오카와 같은 갖가지 빨간 과일로 만든다. 과일들을 함께 익혀 푸딩을 만든 뒤 차게 해서 크림을 얹어 먹는다.

제과류

프랑스 페이스트리나 이탈리아 빵 또는 케이크의 지긋지긋한 과장 광고는 잊어라. 독일인이야말로 제과류에 관한 한 이론의 여지없이 세계 달인이다. 주재료가 밀가루 반죽이고 오븐에서 익히는 한, 제과류는 독일이나 오스트리아, 스위스 오븐에서라야 제대로 구워진다.

독일 빵은 흰 빵에서부터 흑빵까지 종류가 다양하고 맛이

© Bekstoff Photography

독일 빵집에서는 실로 다양한 빵을 판다.
특히 추수감사절부터 크리스마스까지는 제빵사들에게 무척 특별한 시기이다.

훌륭하다. 부드러운 질감을 내기 위해 부풀리는 경우가 거의 없기 때문에 씹히고 입 안에서 느껴지는 감촉 역시 다양하고 특별하다.

빵을 살 때는 직접 빵집에 가서 사는 게 좋다. 독일에는 동네마다 최소 하나 이상의 빵집이 있다. 다양한 종류의 빵을 먹어 보고 입에 맞는 것을 찾아라. 익숙해지면 어떤 빵이 어떤 음식에 어울리는지 알게 되어 주 요리에 따라 날마다 다른 빵을 고르게 될 것이다. 독일에 와서까지 옛 습관에 따라 슈퍼마켓에서 흰 토스트식빵을 고른다면 독일에서 추방당해 마땅하다!

추수감사절부터 크리스마스까지는 독일 제빵사들에게 매우 특별한 시기이다. 이때는 제빵사들이 갖가지 특별 상품을 선보여 굉장히 다양한 제과가 나온다. 독일에서 가을 겨울을 처음 맞는다면 반드시 맛보아야 할 두 가지가 있는데, 바로 레브

독일인이 10월 초부터 크리스마스까지 즐겨 먹는
과일 케이크 슈톨렌(위)과 생강 쿠키 레브코헨(아래)

쿠헨lebkuchen과 슈톨렌stollen이다. 레브쿠헨은 향이 강하고 화려한 독일식 생강 쿠키로 보통 10월 초쯤에 동네 상점 또는 전문 레브쿠헨 매장에서 판매한다. 반면에 슈톨렌은 크리스마스 며칠 전에 판매하는 독일식 과일 케이크이다.

독일의 식사 구조

독일인의 식사 습관 역시 지난 35년 동안 약간의 변화를 겪기는 했지만 그들만의 독특한 정취가 여전히 남아있다. 가령 다른 나라 사람들은 보통 하루에 기본 세 끼를 먹는 데 반해 독일인은 세 끼니 사이에 두 번의 또 다른 식사를 어떻게든 끼워서 챙겨 먹는다.

훌륭한 아침식사

대부분 나라와 마찬가지로 독일에서도 아침식사(frühstück, 프뤼스튀크)로 하루를 시작한다. 아침식사는 기본적으로 버터를 바르거나 치즈를 얹은 빵에 냉육 몇 조각 또는 소시지와 달걀로 구성된다. 아이들은 빵에 잼이나 꿀을, 아니면 진한 초콜릿과 견과류를 섞은 스프레드인 누텔라를 발라 먹는데, 외국인은 상상하기 어렵겠지만 독일에서는 어른들도 누텔라를 즐겨 먹는다. 최근 10여 년 전부터는 건강과 식습관에 대한 관심이 증가해 누텔라를 뮤즐리[11]나 과일로 대체하거나 보충하고 있다. 이와 함께 커피나 차, 과일 주스를 마신다.

이것만 먹어도 배가 충분히 부른다. 그러나 독일인은 이것만으로는 부족하다고 느끼는지 아침과 점심식사 사이에 한 번 더, 즉 두 번째 아침식사(zweites frühstück, 츠바이테스 프뤼스튀크)

를 한다. 이때는 커피나 차와 함께 치즈 또는 고기 조각을 얹은 롤빵, 케이크 한 조각 또는 프레첼을 먹는다.

점심식사

미탁에센mittagessen, 즉 점심식사는 독일에서 하루 중 가장 푸짐하게 먹는 식사이다. 전통적으로 아이들은 학교에서, 아버지는 직장에서 집으로 돌아와 온 가족이 함께 모여 점심을 먹었다. 보통 수프를 시작으로 푸짐한 주 요리를 들고 디저트로 끝낸다. 디저트로는 푸딩이나 아이스크림, 과일 또는 과일 샐러드를 준비하는데, 이때 케이크는 먹지 않는다. 케이크를 먹는 기쁨은 특별 식사 때로 남겨둔다.

저녁식사

아벤트에센abendessen 또는 아벤트브로트abendbrot라고 부르는 저녁식사는 점심보다 훨씬 가볍고 적게 먹는다. '아벤트브로트'라는 말은 '저녁 빵'이라는 뜻이다. 정말로 저녁식사에서는 빵이 주 역할을 하며 치즈나 냉육 또는 소시지, 샐러드나 갖가지 양념을 곁들인다. 독일인은 저녁을 거하게 먹으면 잠들기 전까지 다 소화하고 열량을 태울 시간이 부족하기 때문에 건강이나 체중 관리에 좋지 않다고 생각한다. 실제로 저녁을 7시 반이나 8시쯤에 먹고 잠자리에 일찍 드는 편이어서 다른 문화권보다는 열량을 태울 시간이 적다. 더구나 독일의 전통적 식사가 얼마나 푸짐한지를 생각해 보라.

식사와 관련된 가치 변화

오늘날 독일의 식습관은 점심을 간단히 먹고 저녁을 거하게

© Rolf G Wackenberg

야외에서 음식을 먹는 것은 독일 전통과 맞지 않지만
오늘날에는 노천카페가 인기를 끌고 있다.

먹는 영국이나 미국식으로 조금씩 바뀌어 가고 있다. 이렇게 변하는 이유는 분명하다. 현대에는 많은 사람이 밖에서 일하기 때문에 점심 때 집에서 식사하기가 힘든 것이다.

대부분의 독일 회사는 구내식당에서 여전히 전통적인 세 단계 식사를 할인된 가격에 제공해 직원들이 이용할 수 있게 한다. 그러나 최근에는 많은 사무직 종사자가 푸짐한 식사 대신 샐러드와 소시지 한두 개, 샌드위치로 점심을 때우는 편이다. 단 주말, 특히 일요일에는 옛날 방식으로 돌아가 점심식사를 푸짐하게 한다.

카페

내가 독일에 정착한 지 1년밖에 안 되었을 때 한 여성에게 함께 저녁을 먹자고 제안했더니, 그녀는 방금 전에 카페kaffee를 들어서 배가 전혀 고프지 않다고 했다. 독일에서 카페는 종

진한 커피

게르만 민족 특유의 커피에 대해 한마디 하자면, 독일인은 진하고 향이 강한 커피를 즐긴다. 독일인은 영국과 미국 등 세계의 많은 곳에서 제대로 된 커피를 맛보기가 몹시 어렵다고 불평한다. 독일 커피는 독일인의 입맛에 맞는 그윽하고 풍부한 맛이 나도록 커피콩을 혼합한다. 커피콩을 볶는 과정 또한 커피 맛을 내는 데 중요하다. 커피에 다른 것을 섞지 않는 사람이라면 독일 커피는 조금씩 마셔도 맛과 효능이 아주 강하다는 사실을 기억하라.

종 '늦은 오후에 먹는 식사'를 뜻한다는 설명을 듣기 전까지, 나는 그녀가 변변찮은 핑계를 댄다고 생각했다. 이른 저녁에 차와 빵 같은 음식을 먹는 영국식 하이티high tea와 비슷한 독일의 카페는 점심과 저녁 사이의 공복을 채우는 맛있고 푸짐한 식사일 뿐만 아니라, 누군가를 환대하는 최고의 방법이다.

이름에서 짐작할 수 있듯이 카페의 중심은 커피로, 큰 포트에 커피를 내고 손님 수만큼의 잔을 준비한다. 최근에는 커피를 마시지 않는 사람을 위해 차도 내고 있으며, 아이들을 위해 과일 주스나 청량음료도 준비한다. 또한 간단한 샌드위치를 내는 영국의 하이티와 달리 케이크를, 그것도 한 가지가 아닌 두세 가지에서 서너 가지까지 내놓는다.

식사 문화

독일에서 식사할 때 요구되는 예절은 많지 않다. 그 몇 가지도 꽤 간단하고 쉬워서 금방 익힐 수 있다. 가장 중요한 것은 "구텐 아페티트Guten appetit"(맛있게 드세요)라는 인사말이다. 아침식사나 카페 때는 하지 않고 점심식사와 저녁식사를 시작할 때 한다. 첫 요리가 모든 사람에게 나눠진 직후에 하면 되는데, 식사의 시작을 알리는 일종의 신호인 셈이다. 누가 처음에 말하든 상관없지만 비사교적으로 보이지 않으려면 함께 따라 해야 한다.

또한 여럿이 식사할 때에는 초대를 한 주인이 먼저 냅킨을 펼친 다음에 손님들이 냅킨을 펼친다. 식사 중에는 냅킨을 무릎에 놓고 필요할 때마다 입을 닦는다. 식사가 끝나면 사용한 냅킨을 뭉쳐놓지 말고 원래대로 접어서 식탁 위에 놓는다.

식당 에티켓

전형적인 독일 식당이든 외국 식당이든 지켜야 할 행동 수칙이 몇 가지 있는데, 독일에서는 우선 자리를 찾아 앉는 방식이 특이하다. 독일 사람들이 자신의 집 안이 아닌 다른 장소에서는 낯선 사람들과 거리를 두려 애쓴다는 점을 생각하면 더욱 이상하다. 가령 커피숍이 붐벼서 빈 테이블은 없고 빈 의자만 있다면 어떻게 할까? "이스트 히어 노흐 프라이Ist hier noch frei?"(이 자리에 사람 없나요?)라고 물은 뒤에, 그 테이블에 앉은 사람이 고개를 끄덕이면 합석을 한다.

이런 상황은 낯선 장소에서 새로운 사람을 사귈 수 있는 좋은 기회이지만 독일에서는 그렇게까지 이어지는 경우가 극히 드물다. 삶을 구획 짓는 데 능숙한 독일인은 같은 테이블에 앉은 사람도 거의 없는 사람 취급을 하기 때문이다. 식사를 시작할 때 "구텐 아페티트", 떠날 때 "비더제엔Wiedersehen"(또 봐요) 하고 의례적인 인사말을 나누는 것 외에는 서로 아무 말도 하지 않는다. 대신에 이런 인사를 하지 않으면 무례하거나 이상한 사람으로 취급받는다. 주의할 점은 그 이상 대화를 시도하려 한다면 상대에게서 퉁명스런 반응을 얻을 것이라는 사실이다. 이런 상황에서는 굳이 친절하게 굴려고 애쓰지 마라.

외국 요리

다양한 민족의 유입으로 인해 독일 대도시에 외국 상점과 식료품점들이 많이 생겼다. 대도시에 인접한 작은 마을들에도 최소한 이탈리아, 발칸 반도, 터키 식당이 하나쯤은 있고 세 가지 식당이 다 있는 지역도 많다.

1980년대 후반에는 독일에서 타이 식당이 크게 유행해 크건 작건 거의 모든 도시에서 적어도 하나 이상의 타이 식당을 만날 수 있었다. 요즘은 다시 이탈리아, 그리스 요리에 대한 열정을 되찾고 값비싼 일식에 대한 관심도 빠르게 증가하고 있다. 한편 젊은이들 사이에서는 인도 음식의 인기가 높다. 중국 요리는 독일인 입맛에 맞게 상당히 변형되기는 했지만 색다른 음식을 찾을 때 언제나 선택할 수 있는 음식이다.

팁 주기

많은 독일인과 대부분의 외국인이 곤란을 겪는 문제가 팁이다. 독일에서는 법적으로 모든 식당 가격표에 서비스 요금이 포함되어 있으므로 이론상으로는 팁을 따로 줄 필요가 없다. 하지만 관광 명소에서, 특히 영어 및 외국어를 쓰는 사람들에게 식당 종업원이 팁을 요구하는 경우가 빈번하게 발생한다.

말하자면 팁은 선택 사항임에도 당연하게 요구되기도 하는 등 규정이 분명하지 않다. 그런데 팁을 준다면 얼마가 적당할까? 가령 계산 금액이 5유로에서 20유로 사이라면 1유로를 더 채워주면 적당하고, 서비스가 매우 좋았을 경우 1~2유로를 더 줘도 된다. 계산 금액이 20유로에서 50유로 사이라면 5 또는 10유로 단위로 채워서 준다. 이때 팁이 2유로 밑이면 1~2유로를 더 줘도 되지만 3유로 이상은 줄 필요가 없다. 계산서가 50유로 이상이면 10유로까지 채워서 주면 적당할 것이다.

또한 독일에서 팁을 줄 때는 테이블 위에 놓지 말고 종업원에게 직접 준다. 돈을 건네면서 얼마를 팁으로 주겠다고 말하면, 종업원이 계산서 금액과 팁을 제한 나머지를 정확히 거슬러준다. 거스름돈을 전부 팁으로 줄 때는 "다스 슈팀트 조Das stimmt so."라고 말하면 된다.

슈넬임비스

맥도널드, 버거킹, 피자헛 같은 미국의 패스트푸드 식당이 독일에서 잘 되는 이유 중 하나는 독일에 이미 패스트푸드 음식의 전통이 견고하게 다져져 있기 때문이다. 대부분의 독일 도시에서 부어스트나 프리카델레frikadelle(빵 없는 독일식 햄버거),

© Radiokafka

독일의 거의 모든 동네마다 서서 먹는 간이식당, 슈넬임비스가 있다.

길거리에서 흔히 파는 소세지 빵.

음료와 같은 한두 가지 기본 음식을 파는 가판대와 상점을 흔히 볼 수 있는데, 이런 이동식 음식 가판대를 독일어로 부더 bude 또는 슈넬임비스 schnellimbiss 라고 한다. 1960년대에는 폼므 프리트(감자튀김의 일종)의 유행을 타고 미국식 햄버거와 닭튀김이 등장했고, 오늘날에는 다문화주의 물결을 타고 룸피아 lumpia[12], 팔라펠 falafel[13] 같은 품목이 더해졌다. 이런 가판대 음식들은 가격이 저렴하고 기름기가 많은 게 특징이다.

맥주

맥주는 독일에서 가장 인기 있는 음료로, 사실상 국보와 같다. 독일 내 1200개 맥주 공장에서 5000종 이상의 다양한 맥주를 생산한다. 독일은 풍부한 맥주 생산에 힘입어 수십 년간 세계 제1위의 맥주 소비국인데 점차 호주, 벨기에, 체코, 덴마크, 아일랜드의 추격을 받고 있다(최근에는 체코가 1인당 맥주 소비량에서 독일을 넘어섰다).

독일에서 맥주는 사회생활에 꼭 필요한 윤활유와도 같아서 친구나 동료, 고객, 친지와 어울려 커피를 마시는 것보다 맥주를 마시는 경우가 더 흔할 것이다. 맥주를 안 마시는 사람에게 누가 이렇게 물었다고 한다. “맥주를 안 마시면 대체 독일에서 뭘 할 겁니까?”

독일에서 맥주를 마시는 일은 그 자체로 순수한 기쁨이다. 맥주 양조와 관련한 엄격한 규정, 즉 ‘독일 맥주 순수령’이라고 하는 라인하이츠게보트Reinheitsgebot를 고려하면 더욱 그렇다. 이는 1516년 바이에른 군주가 처음 제정한 법으로, 독일에서 맥주는 오로지 홉과 보리, 효모, 물로만 양조해야 한다고 명시하고 있다. 이 법안 덕분에 독일 맥주는 순수한 맛을 지켜왔을 뿐 아니라 잡다한 성분을 넣을 경우 발생할 수 있는 두통이나 갖가지 뒤탈도 예방할 수 있었다.

독일에 수천 가지 맥주가 있다고는 하지만 벨기에에서처럼 다양한 종류를 맛볼 수 있는 것은 아니다. 기본적으로 맛볼 수 있는 맥주는 20종쯤 된다. 사람들이 가장 즐겨 마시는 맥주는 필스너Pilsner 또는 필스Pils라고 부르는 필젠 맥주[14]로, 밝은 황금빛에 맛은 순하면서도 진한 영국 라거와 비슷하다. 필젠 맥주와 맛이 비슷하지만 좀 더 부드러운 것으로 엑스포트Export가 있다.

그 다음으로 많이 마시는 맥주는 구릿빛의 알트Alt이다. 알트는 원래 라인 지방에서 마시던 맥주로 지금은 독일 전역에 확산되었다. 과일향이 있고 필스나 엑스포트보다 약간 쓴 맛이 난다.

알트의 지역 버전으로 쾰른 지방의 쾰슈Kölsch도 있는데, 이 맥주는 보통 두께가 얇고 폭이 좁은 유리잔에 마신다. 황금색에 알트와 향이 비슷하지만 알코올도수는 더 낮다. 쾰슈 애호가들은 이 맥주가 쉽게 질리거나 취하지 않고 마실 수 있는 사교적인 신주라고 극찬한다.

또 하나 유명한 맥주를 꼽자면 바이에른 지방의 바이젠Weizen이 있다. 바이젠은 '밀'을 뜻하는 독일어로, 이 맥주는 밀에다 보리누룩을 넣어 양조하기 때문에 독특한 맛이 난다.

이런 맥주들 외에도 더 있다. 맥아 향이 강한 마이보크Maibock와 같이 계절을 타는 맥주는 주로 5월에 마시지만 병맥주로는 1년 내내 구입할 수 있다. 바이나흐츠보크Weihnachtsbock는 강한 맛이 마이보크와 비슷하지만 크리스마스 시즌에만 마실 수 있다. 한편 1년 내내 마실 수 있지만 한정된 지역에서만 구입 가능한 맥주도 있는데, 독일식 훈제 맥주인 라우흐비어Rauchbier, 라즈베리 시럽이나 선갈퀴아재비 진액을 섞어 달콤하고 신맛이 나는 맥주로 주둥이가 넓은 잔에 담아 마시는 베를리너 바이세Berliner Weisse, 달고 알코올도수가 매우 낮아 가끔 아이들이나 임신한 여성도 마시는 말츠비어Malzbier가 있다.

맥주가 더욱 대중적인 음료로 사랑받을 수 있도록, 독일의 주요 맥주 제조사들은 알코올도수를 더 낮추거나 무알코올 제품도 출시하고 있다. 그러나 중요한 점은 시중에 진짜 무알코올 맥주는 없다는 사실이다. 무알코올이라고 명시되어 있더라도 보통은 1퍼센트 이하의 알코올을 함유하고 있다.

와인

독일인은 맥주를 주로 마시지만 유럽인답게 와인도 많이 마

맥주 종주국인 독일에서는 기본적으로 20가지쯤 되는 개성이 다른 맥주를 맛볼 수 있다.

신다. 게다가 그 와인 중의 일부는 독일산이다! 세계 순위에 드는 와인 중에 독일산은 거의 없지만 독일산으로 매우 질 좋은 화이트와인이 몇 가지 있다. 독일에서 최고의 와인 생산지로 꼽히는 지역은 라인가우Rheingau와 나에Nahe, 모젤자르루버Mosel-Saar-Ruwer[15] 지방이며, 이 지역들에서 위풍당당한 리즐링Riesling, 그라우부르군더Grauburgunder, 바이스부르군더Weissburgunder와 같은 질 좋은 와인을 생산한다. 독일 남서부의 바덴과 바이에른의 프랑켄 지방도 뮐러 투르가우Muller-Thurgau를 비롯해 질 좋고 대중적인 와인을 만든다.

노란 상표는 단맛이 없는 드라이 와인, 초록 상표는 세미드라이 와인, 붉은 상표는 단맛이 나는 와인을 표시한다는 사실을 알아두면 좋다. 일반적으로 독일에서 구입할 수 있는 최상의 와인은 화이트와인이다. 그러나 레드와인 애호가라 해도 걱정할 필요는 없다. 프랑스, 이탈리아, 스페인, 그리스 등 이웃 유럽 국가들에서 만든 질 좋은 레드와인을 독일 대부분의 와인 매장에서 세계 어느 곳보다도 저렴한 가격에 구입할 수 있기 때문이다.

독일은 샴페인 애호가들에게도 즐거움을 선사한다. 독일에서 생산하는 젝트Sekt가 있기 때문이다(유럽에서 '샴페인'이라는 이름은 프랑스 샹파뉴 지방에서 생산되는 제품에만 붙일 수 있다). 젝트는 프랑스산 샴페인과 맛이 비슷하면서도 가격이 훨씬 싸서 중간 등급 샴페인 가격의 3분의 1정도밖에 안 된다.

기타 음료

독일의 알코올음료에 관한 보충설명으로 알코올농도가 높

은 증류주 슈납스Schnaps에 대해서도 말해두는 것이 좋겠다. 슈납스는 식사가 끝난 다음이나 술자리 마지막에 마신다.

독일에서는 술잔을 들고 건배할 때 "춤볼Zum wohl" 또는 "프로스트Prost"라고 외친다. 이 말은 알코올음료를 마실 때만 하는데 모든 사람이 잔을 받고서 첫 잔을 마실 때 한다. 누가 먼저 외치는가는 중요하지 않지만 누군가 외친 다음에는 모두가 제창하듯 따라해야 한다. 그렇게 하지 않으면 비사교적인 사람으로 취급받는다.

독일에서는 식사를 하면서, 혹은 식사와 식사 사이에 술을 마시는 것에 대해 뭐라고 하지 않는다. 그러나 성인이 정식 식사를 하면서 우유나 탄산음료를 마시는 것은 이상하게 여긴다. 만일 식사 때 술을 절제하려 한다면 우유나 탄산수 대신 광천수를 마시는 것이 좋다. 독일인은 수돗물을 싫어하고 광천수를 정말 좋아하는데, 광천수 종류가 맥주와 비교될 정도로 많다. 음식점에서 그냥 수돗물(leitungswasser, 라이퉁스바서)을 달라고 하면 이상한 눈총을 받거나 수돗물이 얼마나 건강에 해로운가에 대한 자세한 설명을 듣게 될 가능성이 높다. 이들이 수돗물을 꺼리는 데는 다 이유가 있는데, 수돗물에 다량의 칼슘이 녹아있고 여러 면에서 광천수가 몸에 좋은 요소를 많이 포함하기 때문이다.

한편 독일에서는 물이나 주스 등 청량음료에 얼음을 넣어 마시지 않는다. 음료가 너무 차가우면 입 안이 냉랭해지고 입천장의 감각까지 마비시킨다고 생각하기 때문이다. 그러니 당신이 음료에 얼음을 넣고 싶다면 주문할 때 따로 부탁해야 한다. 아니면 찬 맥주를 주문하면 되는데 이것 역시 얼음 없이 나온다.

7

독일의 놀이와 예술

"게으름은 모든 악의 시작이다."

– 옛 독일 속담

9장에서 자세히 다루겠지만 일에 집착한다는 독일인이 실은 현대 산업국가의 어느 나라 국민들보다 일하는 시간이 적다. 이것이 어떻게 가능할까? 그렇다면 그들은 일하지 않는 시간에 무엇을 할까? 이제부터 살펴보자. 좋아하게 될 것이다.

6주간의 휴가

독일 노동자들이 가장 소중하게 여기는 권리는 바로 6주간의 휴일이다. 실제로 표준근로계약서에 명시되어 있듯이 독일의 모든 근로자는 30일의 휴가를 나눠서 갖든 한꺼번에 갖든 원하는 대로 누릴 권리가 있다. 대부분은 휴가를 전략적으로

© isarescheewin

도시에서 느긋하게 휴일을 즐기고 있는 사람들.
사진은 쾰른에 있는 성 마르틴 성당 근처의 강변 공원.

짜서 연휴를 최대한 많이 만들려고 한다. 그래서 휴가를 가능한 한 주말 근처로 잡거나 법정 휴일 또는 두 번의 연휴 사이에 끼워 넣는다. 상황이 이렇기 때문에 대개 법정 휴일이 많은 5월과 6월은 독일인이 가장 좋아하는 휴가 시즌이다.

학부모가 아니라면 휴가 일정을 잡을 때 자녀들의 방학 일정을 고려하지 않아도 되므로 큰 이득이다. 일단은 아우토반이나 주요 도로에 갇혀 많은 시간을 허비하는 일을 예방할 수 있기 때문이다. 실제로 아이들 방학을 낀 휴가 기간에는 고속도로 정체 현상이 매우 심각해서, 독일의 여러 주에서는 서로 방학 기간을 조정해 많은 사람이 한꺼번에 도로에 몰리지 않도록 경제적, 사회적 서비스를 지원하고 있다.

법정 공휴일

독일 근로자가 1년 간 유급 휴가로 쓸 수 있는 날은 30일이지만 그 외에도 법정 공휴일이 많다. 사는 지역에 따라 12일에서 15일까지 되는데, 하루라도 더 휴식을 취하고 싶다면 가톨릭이 우세인 주에서 사는 것이 유리하다. 그런 지역은 가톨릭 전통과 관련해 법정 공휴일이 더 많기 때문이다. 독일의 법정 공휴일 목록을 간단히 살펴보면 다음과 같다.

- **설날**(Neujahr, 노이야)

1월 1일. 주로 전날 밤의 피로를 회복하며 보낸다. 오랜 전통에 따라 잉어나 돼지고기를 자우어크라우트와 함께 먹는다.

- **예수 공현 축일**(Heilige Drei Könige, 하일리거 드라이 쾨니거)

1월 6일. 바뎀뷔르템베르크와 바이에른 주에서만 공휴일이다.

동방박사들이 아기 예수를 방문한 날을 기념한다.

- **성 금요일**(Karfreitag, 카르프라이타크)

3월 중순에서 4월 중순 사이로 해마다 날짜가 바뀐다. 예수그리스도가 십자가 위에서 돌아가신 사건을 기념한다. 이날 곳곳에서 엄숙한 예배를 드린다.

- **부활절 주일과 이튿날 월요일**(Ostersonntag und Ostermontag, 오스터존타크 운트 오스터몬타크)

부활절은 언제나 성 금요일 이틀 뒤로, 그리스도의 부활을 기념한다.

- **근로자의 날 또는 5월제**(Tag der Arbeit, 타크 데어 아르바이트)

5월 1일. 노동자들을 격려하는 대대적인 가두 행진을 하고 연설을 펼친다. 다양한 정치 사회적 안건을 내건 단체들의 춤과 파티가 이어진다.

- **예수 승천일 또는 성목요일**(Christi Himmelfahrt, 크리스티 힘멜파르트)

예수 승천을 기념하는 축일로, 부활절로부터 40일 뒤다. 따라서 5월 중순에서 6월 초 사이에서 해마다 날짜가 바뀐다. 독일에서 이 날은 언제나 아버지의 날과 겹친다. 독일식 어버이날은 가족과 보내기보다 아버지들끼리 모여 동료의식을 나누며 술을 마신다.

- **성령 강림절**(Pfingstsonntag und Montag, 핑스트존타크 운트 몬타크)

부정기 축일로, 성령이 그리스도의 제자들에게 방언으로 강림한 것을 기념한다. 5월 말에서 6월 초 사이이다.

- **성체 축일**(Fronleichnam, 프론라이히남)

부정기 축일. 남서부와 라인 지방과 같이 가톨릭이 강세인 주에서 기념한다. 이날은 성체 성사 과정을 공개한다.

● **성모 승천 대축일**(Maria Himmelfahrt, 마리아 힘멜파르트)

8월 15일. 예수 그리스도의 어머니 마리아의 승천을 기념한다. 자를란트 주와 바이에른 주의 일부에서만 법정 공휴일이다.

● **독일 통일 기념일**(Tag der Deutschen Einheit, 타크 데어 도이첸 아인하이트)

10월 3일. 1990년 동독과 서독이 합쳐져 한 나라로 재통일된 날을 기념한다.

● **종교개혁의 날**(Reformationstag, 레포르마치온스타크)

10월 31일. 마르틴 루터의 종교개혁 운동을 기념하는 날이다. 옛 동독에 속했던 5개 주에서만 법정 휴일이다.

● **만성절**(Allerheiligen, 알러하일리겐)

11월 1일. 로마 가톨릭에서 모든 성인을 기념하는 날로, 튀링겐과 같이 가톨릭이 강세인 지역에서만 법정 휴일이다.

● **속죄일**(Buss-und-Bettag, 부스운트베타크)

11월 중순쯤에 있는 개신교의 부정기 축일로, 지금은 작센 주에서만 공식적으로 지킨다. 이름에서 알 수 있듯이 죄를 속죄하는 날이다. 1995년까지는 독일 전 지역에서 공휴일이었다.

● **크리스마스 날**(Weihnachtstag, 바이나흐츠타크)

12월 25일과 26일. 꼭 이날만이 아니라 12월 24일에도 많은 회사에서 반나절만 일하든가 아예 일하지 않는다. 상점들도 일찍 문을 닫는다. 크리스마스 축일 전 한 주 동안은 모든 사람과 "프로에 바이나흐텐Frohe Weihnachten"(메리 크리스마스)이라는 인사를 나누는 게 중요하다. 기독교인이 아니더라도 모두가 이렇게 인사해 주길 바라며 이를 무시하면 매우 불친절한 사람으로 여긴다. 12월 26일부터 31일까지는 "구텐 루취 인스 노이 아Guten rutsch ins neue jahr"(새해 복 많이 받으세요!)라고 바꿔서 인사하면 된다.

- **섣달 그믐날**(Sylvester, 쥘베스터)

12월 31일. 일반적으로 이날은 파티에 참석하거나 좋아하는 식당에 가서 기념한다. 저녁에 많은 식당에서 특별 음식과 오락 프로그램을 제공하며, 많은 사람이 자정에 거리에서 폭죽을 터뜨리며 즐긴다.

여가시간 보내기

많은 여가 시간에 독일인이 무엇을 하면서 보내는지 궁금할 것이다(평균적으로 독일 성인은 매년 2500시간의 자유 시간을 갖는다). 간단히 답하면, 독일인은 그 시간에 독일인 특유의 완벽주의를 적용해서 철저히 누린다.

주말농장

독일에는 자기 소유 주택이나 정원이 없는 사람들을 위해 임대해서 쓸 수 있는 주말농장이 많이 퍼져 있다. 종류에 따

주체하기 어려운 시간

독일 성인은 평균적으로 1년에 거의 2500시간의 자유 시간을 갖는다. 주당 평균 36.7시간 일하고 하루에 서너 시간, 그리고 주말과 공휴일에는 10시간의 여가 시간을 누리는 셈이다. 연간 쉴 수 있는 날은 총 6주이다. 옛 서독과 동독 간의 차이도 점차 줄어들고 있다. 최근까지 독일 가정은 가처분 소득의 10~15퍼센트를 자유 시간에 소비했다. 독일인 전체가 자유 시간에 쓴 돈이 연 평균 2250억 유로이다. 한편 독일 사람들은 직장을 다니는 평일에도 일이 끝나면 집으로 달려가 집안을 손보며 여가 시간을 보내는 편이다. 자기 소유 주택이 있는 경우 집안을 개조하거나 정원을 손질하는 데 많은 시간을 쓴다.

내 땅이 없어도 도시농부로 살 수 있게 만들어주는 주말 농장, 클라인가르텐

라 클라인가르텐kleingarten(소규모 주말농장) 또는 슈레버가르텐schrebergarten(가족용 주말농장)이라고 부른다. 대부분 넓은 공용 정원 일부에 울타리를 두른 소규모 땅으로 도시 변두리에 위치해 있다. 주말에 도시를 떠나 휴식을 취하고자 하는 사람들에게 인기가 좋은데, 많은 독일인이 약간의 땅을 빌려서 주말마다 오가며 꽃이나 과일, 채소를 기른다. 때로는 이곳에 작은 헛간을 지어 가구나 도구들을 넣어두기도 한다.

세계여행

연휴에는 많은 사람이 여행을 즐긴다. 누구보다도 긴 유급휴가를 누리는 독일인은 세계에서 해외여행을 가장 많이 하는 사람들이기도 하다. 그것도 점점 더 멀고 더 좋은 곳으로 가는 추세이다. 독일에서 아시아나 아메리카, 아프리카, 호주를 여행한 경험이 있는 평범한 직장인을 만나는 것은 전혀 특별하지 않다. 이것이 우리 같은 '외국에서 온 시민'에게 주는 한 가

슈투트가르트에 있는
포르쉐 박물관의 멋진
조형물.

세계적인 건축가 다니엘 리벤스키가 설계한 뒤셀도르프의 한 쇼핑몰. 뒤셀도르프는 독일의 현대 건축을 많이 접할 수 있는 도시이다.

세계적인 맥주 축제 '옥토버페
스트'를 축하하는 공연.

Wolfilser

프레첼 가게의 간판. 독일의 오래된 마을들에서는 이렇게 예쁜 철제 간판을 많이 구경할 수 있다.

독일에서 맥주를 마시는 일 그 자체로 순수한 기쁨이다.

바이에른 지방의 소시지, 바이스뷔어스테

독일인이 즐겨 먹는 돼지족발, 슈바인학세

고기 소를 넣은 감자 덤플링

독특한 다진 고리 요리, 랍스카우스

프로이센 지역의 미트볼 요리, 쾨니히스베르거 클롭스

다양한 허브와 크림을 넣어 만든 그뤼네 조세

아우구스부르크 중심가에서
열린 크리스마스마켓의 전경

지 이점은, 우리가 어디서 왔는지 알게 된 독일인이 자신이 여행했던 우리나라에 대한 추억을 종종 기쁘게 회상할 것이라는 사실이다. 실제로 여행은 새로운 사람과 사귀고 관계를 맺기에 아주 좋은 방법이다.

클럽 활동

독일인은 자국에 머무는 동안에도 갖가지 방법을 동원해 열정적으로 여가 시간을 보낸다. 관심 있는 분야의 클럽에 소속되어 활동하는 것이 그 방법 중 하나인데, 실제로 독일 사람들은 무척이나 다양한 클럽을 공식적으로 만들어 그 안에서 활동한다. 독일 특유의 이런 친목성이 짙은 단체를 페르아인 verein(단체, 협회라는 뜻)이라고 부른다.

대부분의 페르아인은 법인체이고 그만의 구조와 내규를 정해 놓고 이에 따라 운영된다. 회비는 보통 최소한을 요구하므로 회비 때문에 클럽 가입을 망설이는 사람은 거의 없다. 행사가 있을 때는 비회원의 참석도 허용하고 참가자들에게 소량의 참가비를 더 걷는다.

독일에 공식 등록된 페르아인은 30만 개가 넘으며 결성 목적은 대부분 스포츠이다. 사실 독일의 수많은 스포츠 애호가들이 열성적으로 활동하는 방법은 오로지 페르아인을 통하는 길뿐이다. 물론 스포츠 외에 다른 목적을 가진 페르아인도 있다. 아마추어 연극, 카드 게임, 영어로 대화 나누기를 비롯한 다양한 외국어 공부 및 소수민족 문화 장려, 정치 또는 문화 토론, 사격, 우표 수집, 애완동물 키우기 등 주제도 무척 다양하다. 독일에 오면 당신이 원하는 종류의 페르아인을 반드시 찾을 수 있을 것이다.

스포츠에 대한 열정

대부분의 선진국에서 그러하듯, 독일도 많은 사람이 경기에 직접 참여하기보다는 스포츠 관람에 더욱 열광한다. 이에 따라 스포츠 쇼와 보도, 생중계로 채워진 방송 채널을 통해 스포츠를 실전이 아닌 지식으로 아는 전문가들이 많아졌다.

사실 월드컵 결승전에 가장 많이 오르고 네 번이나 우승컵을 타낸 나라답게, 축구에 대한 독일인의 열정은 대단하다. 독일 팀이 월드컵 경기를 하는 동안은 많은 마을과 도시 전체가 사실상 유령 도시와 다름없어진다. 도시가 괴상한 침묵에 잠겼다가 집단적 환호성 또는 신음소리가 주기적으로 거리를 뒤덮는다. 그러면 길을 걷던 사람은 독일 팀이 골을 넣었거나 상대팀에게 내주었음을 저절로 알게 된다.

스포츠의 보고

축구 외에도 다양한 스포츠를 즐긴다. 특히 슈테피 그라프, 보리스 베커, 앙케 후버, 토마스 하스와 같은 독일 출신 월드 스타들이 등장한 후로 테니스 관람에 대한 열정도 대단해졌다. 또한 버나드 랑거 덕분에 골프도 꽤 인기가 생겼지만 농구에 비하면 그리 높은 편은 아니다.

당신의 스포츠 취향이 조금 독특하다고 해서 실망할 필요는 없다. 공영방송뿐 아니라 케이블 방송으로 볼링을 비롯해 서핑, 핸드볼, 배구, 레슬링, 복싱, 당구, 자동차 경주, 오토바이 경주, 경마, 역도, 사교댄스 챔피언전, 유도, 에어로빅, 심지어는 유럽 전자다트 게임과 미국 검투사 대회까지 지켜볼 수 있으니 말이다. 이처럼 독일은 스포츠팬에게 폭넓은 선택권을 제공한다.

© Jens Goepfert

월드컵 경기를 응원하고 있는 열광적인 축구 팬들.

스포츠는 스포츠 자체의 미덕 외에도 사회적 가치를 지닌다. 가령 스포츠에 관한 대화를 나누다 보면 독일 사회에 좀 더 빠르게 진입할 수 있다. 현재 독일에서 진행되고 있는 주요 스포츠 경기에 대한 지식을 내비치면 직장 동료들이 좀 더 친근하게 다가올지도 모른다.

크나이펜 문화

독일은 스포츠나 격렬한 육체 활동을 즐기는 나라답게 술과 펍pub 문화가 발달했다. 거리 어디서나 만날 수 있는 대중적인 술집을 독일어로는 크나이펜kneipen이라 한다. 크나이펜에서 마시는 한 잔 술은 긴장을 풀고 온화한 분위기를 만들어주며, 새로운 사람을 만나거나 이미 아는 사람과의 관계를 다지는 데도 좋은 환경을 제공한다. 따라서 다양한 국적의 사람들이 각자 취향에 맞는 크나이펜을 정해놓고 정기적으로 들르곤 한다.

크나이펜 문화에서도 독일 특유의 구획 짓기 원칙이 작용한다. 대부분의 술집에는 나름의 단골 고객층이 형성되어 있어서 그와 다른 부류의 외부인은 별로 환영받지 못한다. 가령 주변에 있는 술집을 보면 사회적 지위가 비슷한 고객들이 모이는 곳이 정해져 있을 것이다. 특정한 국적의 외국인들이 즐겨 찾는 술집, 도시의 전문직 종사자들이 모여드는 술집, 그리고 그 지역 주민만 갈 수 있는 극히 배타적인 동네 술집(szene, 스채너)도 있다. 아, 물론 가장 배타적인 술집은 신나치주의자들이 모이는 장소인데, 아마 이 책을 읽는 사람 중에는 그런 곳에 다닐 사람이 없을 줄로 안다.

이렇게 특정 고객층이 있는 술집에 들어가면 좀체로 환영받는 느낌을 받기 어렵다. 이미 그 그룹의 회원인 사람과 동행하지 않는 한은 말이다. 그러나 더러는 낯선 사람을 환영하고 빠르게 대화에 받아들이는 인심 좋은 술집도 있다. 노동자가 많은 지역이나 저소득층이 모여 사는 동네의 크나이펜이 특히 그렇다. 단, 이런 곳에 갈 때는 너무 차려입지 않는 게 좋다. 그랬다가는 보란 듯이 무시당하기 십상이다.

거리 축제

독일인이 인생을 즐기는 또 한 가지 방법으로 슈트라센페스트strassenfest(거리 축제)가 있다. 독일의 거리 축제는 일반적으로 지방정부와 기업의 지원을 받아 벌어지는 유쾌한 지역 행사이다. 축제 규모는 다양하지만 일반적으로 1마일 정도 거리 또는 강둑을 따라 펼쳐진다(대표적인 예로 프랑크푸르트의 마인강 축제Mainuferfest가 있다). 이런 축제에는 갖가지 음식과 음료, 게임을 제공하는 가판대가 들어서고 여행자를 위한 홍보 및 정보 서비스도 제공한다. 규모가 큰 축제라면 아이들을 위한 오락거리와 시끌벅적한 활력, 음악도 가미될 것이다.

도시와 마을마다 펼쳐지는 거리 축제들은 대부분 날씨가 좋고 참가자도 많은 여름철에 집중되지만, 와인 축제는 첫 수확이 시작되고 어느 정도 지난 가을에 열린다.

옥토버페스트

독일에서 가장 유명한 축제는 사실 바인페스트weinfest(와인 축제)가 아니라 비어페스트bierfest(맥주 축제)이다. 당신은 당연히 세계적으로 유명한 뮌헨의 옥토버페스트Oktoberfest(10월제)를 떠올릴 것이다. 독일 최대 규모의 축제인 옥토버페스트는 수 에이커에 달하는 광대한 마당에서 2주간이나 계속되는 최장기 축제이다. 그리고 이름처럼 10월이 아닌, 9월에 열린다.

© tichr

옥토버페스트 때 지역 양조회사들이 설치한 거대한 천막 안의 맥주 홀 풍경.

옥토버페스트가 열리는 축제장에는 상품 판매대가 끝도 없이 늘어서는데, 무엇보다 볼 만한 것은 지역 양조회사들이 맥주 홀로 쓰기 위해 임시로 설치하는 '빅 텐트'이다. 2주 동안 그 아래에서 바이에른 전통의 커다란 잔에 맥주가 제공되고, 수만 명에 달하는 방문객이 긴 탁자에 끼어 앉아 끊임없이 잔을 비우면서 홀을 채우는 바이에른 밴드의 음악보다 더 큰 목소리로 대화를 이어간다.

사육제와도 같은 이런 축제 분위기 속에서는 이방인들도 갑자기 평소와 다르게 독일 사회에 친숙함을 느낄 수 있다. 그러나 옥토버페스트의 규모가 너무 커지고 소란스럽고 상업화되었다며 실망을 토로하는 사람도 적지 않다. 그럼에도 이런 축제를 좋아해서 매년 찾아오는 관광객이 늘고 있으니, 독일 경제에는 다행한 일이 아닌가?

크리스마스 마켓

독일의 거리 축제가 가장 인상적이고 생동감 있게 변형된 예는 바로 엄청난 규모로 펼쳐지는 크리스마스 마켓, 즉 바이나흐츠마르크트Weihnachtsmarkt이다. '와인 시장'이라고도 불리는 크리스마스 마켓의 뿌리는 거리 축제보다 몇 세기 앞선다. 과거에 주요 도시의 수공업자들이 자신이 만든 물건을 크리스마스 전에 팔기 위해서 시내에 마련했던 장이 오늘날의 와인 시장까지 계승되었으니 말이다.

그 전통을 이어받아, 지금도 크리스마스를 앞두고 바이나흐츠마르크트에 가면 수많은 작은 가판대들에서 크고 작은 갖가지 수공예품, 특히 크리스마스 장식으로 쓸 최고의 물건을 구경할 수 있다(독일인이 처음으로 크리스마스트리 장식을 시작했다는

© VanderWolf Images

© Wolfilser

크리스마스 시즌에는 독일의 어느 도시, 어느 마을에서나 크리스마스 마켓이 열린다.
위 사진은 쾰른, 아래 사진은 바이에른 주의 바트 힌델랑 마을.

사실을 기억하라). 이뿐 아니라 다양한 겨울용품도 크게 할인된 가격에 살 수 있다.

바이나흐츠마르크트는 보통 그 도시에서 가장 넓은 중앙 광장에서 열리며, 때로는 소규모 거리에도 장이 선다. 뉘렌베르크, 로텐부르크, 뮌헨에서 서는 장이 특히나 크고 유명하다. 기간은 보통 11월 말에 시작해 4주간 지속되는데, 크리스마스를 하루 이틀 앞두고는 끝난다는 사실을 명심하라!

대중매체

독일에는 글뿐만 아니라 시각 이미지를 활용한 정보 및 오락 매체가 풍부하다. 일간지와 주간지, 월간지 등 신문과 잡지를 합쳐 1만 종 이상이 발행된다. 물론 대부분이 독일어로 되어 있지만 터키어, 이탈리아어, 폴란드어, 세르보크로아티아어 매체들도 신문 가판대에서 볼 수 있다.

영어 매체는 독일 대부분 지역에서 구할 수 있다. 아마 가장 유명하고 구하기도 쉬운 것이 파리에서 발간되는 영자 일간지 〈인터내셔널 헤럴드 트리뷴International Herald Tribune〉일 것이다.

신문과 잡지

외국어 매체가 독일어 매체보다 독일에 대해 더 잘 알려주지는 못할 것이다. 그러니 독일어가 괜찮은 수준이라면 가끔씩 독일어 매체를 들여다보는 것이 좋다. 독일 최대 일간지는 〈빌트 차이퉁Bild Zeitung〉으로 하루 발행부수가 거의 500만 부나 된다. 더 읽기 쉬운 〈빌트Bild〉는 독일어가 아직 서툰 외국인들이 선호하는데, 독일어로 '그림'을 뜻하는 제목에서 알 수 있듯 커다란 누드 사진과 예리한 칼럼이 주를 이

독일 인쇄 매체와 관련해 특이한 현상 하나는 비중 있는 일요판 매체가 부족하다는 것이다. 전혀 없는 것은 아니지만(〈프랑크푸르터 알게마이네 차이퉁〉, 〈빌트〉, 〈디 벨트(Die Welt)〉의 얇고 시시한 일요판이 있기는 하다) 영국이나 북아메리카의 전통적인 두툼한 일요판 같은 매체는 없다. 독일인에게 일요일은 그저 가정에서 보내거나 과식을 하는 날인 듯하다.

© Yulia Reznikov

독일의 신문 가판대. 영자 신문도 많지만 가끔은 독일어로 된 매체를 들여다보는 것이 이들 사회를 이해하는 데 도움을 줄 것이다.

룬다. 아마 영국의 악명 높은 〈선Sun〉보다는 훨씬 나을 것이다.

독일 제2의 신문은 주간지 〈디 차이트Die Zeit〉이고 그 뒤로 높이 평가받는 〈프랑크푸르터 알게마이네 차이퉁Frankfurter Allgemeine Zeitung〉(보통 FAZ로 줄여 말한다)이 있다.

화려한 뉴스 잡지들 중에서 최고로는 〈슈피겔Der Spiegel〉, 〈슈테른Der Stern〉, 〈포커스Focus〉를 꼽을 만하다. 그 외 잡지들에는 정보 기사와 누드 사진, 감칠맛 나는 요리법, 도전적인 섹스 자세, 유용한 살림 팁, 정력제에서부터 무담보 빠른 대출에 이르는 온갖 광고가 뒤섞여 있다.

전능한 텔레비전

텔레비전 산업은 미국만큼은 아니어도 케이블과 위성 채널의 성장 그리고 정부의 지원을 받는 방송국들 간의 경쟁으로 지난 35년간 크게 확장되었다. 케이블이나 위성 방송을 신청하면 40여 개의 채널을 볼 수 있고, 앞으로도 채널이 더욱 증가할 것으로 예상된다. 독일의 주요 케이블 방송국인 RTL은 유럽 최대 방송 그룹이기도 하다.

공영방송

독일 텔레비전 체계의 든든한 기둥은 여전히 정부가 재정을 지원하는 방송국들이다. 2개의 국영 방송망(ARD와 ZDF)과 이른바 제3채널 그룹이 여기에 속한다. 제3채널은 바이에른이나 헤센, 노르트라인베스트팔렌과 같이 특정한 주와 연계되어 있다. 이보다 작은 주들은 자체 방송망과 제3채널의 지역망을 결합시켜 프로그램을 운영한다. 제3채널들이 최근에는 인기쇼 프로그램 쪽으로 약간 기운 면이 있지만 전통적으로는 도전적인 프로그램들을 방영하는 것으로 유명하다.

독일에서는 텔레비전이나 라디오를 소유한 모든 사람이 수신료를 내고, 시청자가 내는 수신료로 공영방송에 기금을 댄다. 집에 텔레비전이나 라디오를 구입하면 은행이나 우체국에 가서 공영방송 수신(GEZ) 등록 양식을 작성해야 한다. 그러면 매달 일정한 금액이 계좌에서 빠져나간다. 지금은 GEZ 홈페이지에서 온라인으로도 등록할 수 있다.

공영방송 이용요금 납부는 자율시행 제도이지만 수신 등록을 하지 않고 공짜로 즐기면 안 된다. 방송국에서 전자 장비를 이용해 각 건물의 공짜 이용 기기들의 개수를 알아내 벌금을 물리므로 그 전에 수신 등록을 하는 것이 좋다.

케이블 방송

케이블 방송을 시청하고 있다면 텔레콤The Telekom(독일 통신회사)에 매달 부가세를 내야 한다. 다세대 주택에 거주한다면 단독으로 케이블 방송을 신청할 수 없고, 다른 세대 전부와 함께 또는 집주인이 결정해서 신청해야 한다.

케이블 방송에는 영어로 방영되는 프로그램이 많다. 가령 CNN, NBC 슈퍼 채널, MTV 유럽판을 시청할 수 있다. 독일의 방송 채널도 전 세계 대부분의 채널과 마찬가지로 할리우드 영화와 미국 텔레비전 쇼로 넘쳐난다.

만일 지리적 여건으로 케이블 방송 시청이 어렵다면 위성 채널을 수신하는 것도 좋다. 여러 위성 방송국의 서비스를 비교해 가장 조건이 좋은 위성 방송을 선택하라. 사실 위성 방송은 수신기 설치비만 내면 더 많은 채널을 볼 수 있기 때문에 케이블 방송보다 인기가 높다. 또한 위성 방송은 외국인이라면 집주인의 허가 없이도 신청할 수 있다는 장점이 있다. 1990년대 초 독일 법정에서 외국인인 경우 텔레비전을 통해 고향 소식을 접할 수 있도록 위성 수신기 설치 권리를 승인했기 때문이다.

예술

텔레비전 방송의 홍수로 인해 사람들이 더 이상 오락과 문화를 즐기러 집밖으로 나가지 않겠다고 생각할지도 모르겠다. 사실은 전혀 그렇지 않다. 독일인은 한 세기 이상 '문화의 민족(ein kulturvolk, 아인 쿨투어폴크)'이라는 명성을 자랑스럽게 생각해 왔다. 실제로 독일의 음악회장이나 영화관, 박물관, 극장은 언제나 사람들로 가득 찬다.

극장

많은 연극 작품이 그다지 고무적이거나 쉽지 않은 게 사실이고, 분명 연극계에서는 지원금 제도가 중요한 역할을 한다. 독일의 시립 극장(stadttheater, 슈타트테아터)들은 상당한 액수의 정부 지원금으로 외관의 화려함을 유지하고 예술가들에 대한 지원도 점점 늘리고 있다.

대형 극장들 중 몇 곳은 방종에 시달리고 있다. 직접 관람하며 판단해 보라. 세계적 명성의 클래식 극장들이 당신이 기대했던 것과는 아주 다를 것이다. 반면에 이런 화려함과 방종 덕

예술 후원

독일은 세계에서 국민 1인당 예술에 대한 정부 지원금이 가장 많은 나라이다. 그 결과 크고 작은 도시에서 다양한 예술 활동을 누릴 수 있다. 하지만 민간 기업의 예술 후원은 상대적으로 빈약하다.
베를린이나 뮌헨, 함부르크, 슈투트가르트, 쾰른, 프랑크푸르트 같은 대도시에서는 문화 행사가 굉장히 많고 종류도 다양해 문화광이라면 어떤 것을 보고 어떤 것을 건너뛰어야 할지 큰 고민에 빠질 수 있다. 또한 많은 비평가들은 예술계에 지원된 세금이 문화의 질로 이어지고 있는지 의문을 갖기도 한다.

© muratart

뮌헨 거리에서 공연하는 바이올리니스트들.
독일은 국민 1인당 예술에 대한 정부 지원금이 가장 많은 나라이다.

에 한 가지 좋은 점이 있는데, 언어를 전부 다 이해하지 못해도 시각적으로는 즐길 수 있다는 점이다.

한편 많은 도시에서 때때로 영어 작품을 올리고, 작은 교외 마을에서도 가끔씩 영어로 하는 게스트 공연(gastspiele)을 볼 수 있다. 영어로 활동하는 극단을 둔 도시도 많다.

박물관

독일인은 박물관 관람도 좋아하고 매우 열심히 다닌다. 오늘날 독일에는 6000곳이 넘는 박물관이 있고 그 수가 계속 증가하고 있다(2000년도에만 200곳의 박물관이 새로 문을 열었다). 더 중요한 것은 관람객 수가 계속 증가하고 있다는 사실이다. 독일 박물관들은 연간 1억 1000만 명 이상의 관람객을 끌어들이고 있다.

유명한 역사박물관과 민족학 박물관은 물론이고 음악 및 악기, 와인 양조, 초콜릿, 장난감, 시각용 기기 박물관도 있고, 심지어 울름Ulm에는 빵 박물관까지 있다. 아마도 독일에서 방문객 수가 가장 많은 박물관은 뮌헨에 있는 국립독일박물관Deutsches Museum일 텐데, 이곳에서는 과학과 기술 분야의 보고를 통해 독특하고 귀감이 되는 기계 및 기기들의 발전 과정을 엿볼 수 있다.

© MR. INTERIOR

뮌헨에 있는 글립토테크 미술관. 바이에른 주에서 소장하고 있는 그리스 로마 조각품을 전시한다.

중세 또는 근대 초기의 교회와 성당 건물을 박물관으로 쓰기도 한다. 이런 건물 중에는 전쟁 중에 심하게 훼손되었다가 지금은 거의 재건되어 영광스러운 모습을 되찾은 곳이 많다. 한편 예배당 건물로도 사용 중인 박물관은 관람 시간이 특정 시간대로 제한된다.

영화관

1차 세계대전을 겪으면서 독일 정부는 전장에서보다 국내 전선에서 전쟁에 지고 있다는 사실을 깨닫고, 정말로 필요한 것은 효과적인 정치 선전이라고 판단했다. 그 결과 베를린 근교 노이바벨스베르크Neubabelsberg에 독일 최대 영화사인 우파Ufa를 설립해 지원했다. 1년 뒤 그 정권은 실각했지만 호화로운 영화사는 위대한 작품들을 만들어냈다.

1919년에서 1933년 사이 독일 영화는 의심의 여지없이 세계에서 가장 훌륭했다. 〈칼리가리 박사의 밀실The Cabinet of Dr. Caligari〉을 비롯해서 〈메트로폴리스Metropolis〉, 〈노스페라투Nosferatu〉, 〈마지막 웃음The Last Laugh〉, 〈푸른 천사The Blue Angel〉, 〈마부제 박사Dr. Mabuse〉, 〈엠M〉과 같은 고전은 영화 역사상 기준이 되었다. 그러나 1920년대 후반 할리우드의 호화로움이 독일 인재들을 유혹하기 시작했고, 남아있던 우수한 인재들도 1933년 정권을 잡은 나치를 피해 독일을 빠져나갔다. 독일 영화는 이런 두 번의 충격으로부터 완전히 회복되지 못했고, 황금기를 보낸 우파의 영광은 영원히 사라졌다.

1940년대 후반에 독일 영화 산업은 다시 활기를 띠었지만 그 후 20여 년간 프랑스나 이탈리아, 미국, 영국, 일본, 스웨덴의 영화 수준에는 미치지 못했다. 오늘날 독일 영화는 깊은 침체에 빠졌고 여기저기서 독일 영화는 죽었는가라는 물음이 들려온다. 물론 그렇지는 않지만 좋은 상태도 아니다. 지난 30년 동안 볼프강 페터젠 감독의 〈특전 유보트Das Boot〉, 도리스 되리의 〈사람들Männer〉, 빔 벤더스의 〈베를린 천사의 시Wings of Desire〉, 톰 튀크베어의 〈롤라 런Lola Rennt〉, 볼프강 베커의 〈굿바이 레닌〉과 같은 소수의 영화만이 세계적 인기를 얻었다. 반면에 굉장히 많은 영화들이 독일 내에서만 소비되고 있는데, 그나마 독일 텔레비전에서 방영되면 운이 좋은 편이다.

넓은 선택 폭

이상은 부득불 대략적인 사항이다. 여기서 우리가 얻을 교훈은, 독일이 아무리 여가 시간을 많이 주는 나라라 해도 그 시간을 얻기 위해서는 열심히 일해야 한다는 것이다. 독일에서 사는 장점에 대해 한 친구가 말했듯이, 독일 대부분의 도시에는 언제나 할 일이 많다.

8
독일어 배우기

나는 신께는 스페인어로, 여자에게는 이탈리아어로,
외교관에게는 프랑스어로, 사업가에게는 영어로,
그리고 말한테는 독일어로 말한다.

– 카를 5세 황제

나는 외국인 친구나 지인들에게 "독일에서 잘 지내려면 무엇을 해야 하죠?"라고 종종 물어본다. 솔직히 그때마다 그들의 한결 같은 대답에 놀란다. 바로 독일어를 배우라는 것이다.

독일에서 영어만 하고도 살 수는 있다. 내가 아는 사람 중에 독일에서 10년 또는 12년을 살면서도 영어만 쓰고 독일어는 전혀 못하는 사람이 한둘이 아니다. 그러나 슬프게도 독일 사회에서 독일어를 모르고 산다면 대화나 사회 참여 수준을 스스로 제한하는 셈이다. 고급 독일어의 복잡한 구조까지 알 필요는 없지만 최소한 일상에서 사람들과 교류할 수 있을 만큼은 독일어를 배워야 한다.

좋은 소식과 나쁜 소식

좋은 소식부터 시작하자. 영어가 모국어라면 혹은 영어를 잘하는 사람이라면 독일어를 배우는 출발선에서 우위에 있다. 두 언어는 비슷한 단어가 많기 때문이다. 실제로 발음만 바꾸면 독일어 단어들을 금세 꽤 많이 알게 된다. 철자가 비슷한 영어와 독일어 단어들의 예를 몇 가지 들어 보겠다.

situation 지투아치온	diskussion 디스쿠시온
definition 데피니치온	motivation 모티바치온
manipulation 마니풀라치온	zivilisation 치빌리자치온

다음은 영어 단어를 조금만 바꾸면 독일어 단어가 되는 예이다.

orientation	orientierung 오리엔티어룽
modernization	modernisierung 모더니지룽
consolidation	konsolidierung 콘솔리디룽
stimulation	stimulierung 슈티뮬리룽

독일의 새 단어들은 영어에서 직접 가져온 것이 많다.

computer	software
service	chips
know-how	timing
recycling	singles
lifestyle	hobby
team	teamwork
baby	manager
business	last but not least

독일어를 배우는 방법

최소한 처음에는 체계적으로 접근해야 한다. 그 다음에는 텔레비전 시청이나 라디오 청취 또는 거리에서 힘들지 않게 독일어 지식을 넓힐 수 있다.

독일어를 처음 배울 때 믿을 만하고 체계적인 접근법 중 하나는 쉽고 좋은 책을 선택하는 것이다. 물론 책만으로는 한계가 있다. 책은 궁금증에 바로 답을 주지도, 발음을 확인해 주지도 않는다. 따라서 독일어 강의를 한두 개 듣는 것이 좋다.

학원

독일 내에서 독일어 강습을 들을 수 있는 기회는 많다. 운이 좋다면 기꺼이 개인 교습을 해주겠다는 독일인도 찾을 수 있을 것이다. 아니면 성인들을 위한 시민학교(volkshochschule, 폴크스호흐슐레)에서 저렴하게 배울 수 있다. 그러나 시민학교는 학생 수가 무척 많아서 필요할 때마다 개인 지도를 받기가 어렵다는 단점이 있다.

사설 어학원도 있다. 이런 곳은 한 반의 학생 수가 상당히 적고 개인 지도를 받을 기회도 많다. 학원비를 낸 만큼 강의를 들을 수 있는데 아마 강의마다 강사가 다를 것이다. 어떤 학원은 강사 대우가 열악한 관계로 강의가 체계적이지 못하고, 한 강의가 끝나기도 전에 강사가 바뀌기도 한다. 또한 사설 학원은 시민학교에 비해 수강료가 상당히 비싸다.

독일문화원

독일문화원, 즉 괴테 인스티튜트Goethe Institut에 가면 가장 안심하고 확실한 독일어 강의를 들을 수 있다. 괴테 인스티튜트는 독일 문화와 언어를 장려하기 위해 독일 정부가 허가하고 일부분 재정을 지원하는 비영리조직이다. 교육 수준이 상당히 높아서 뛰어난 강사들이 최적화된 학습 방법으로 독일어를 가르친다. 일반적으로 독일문화원은 정규 학교 제도 밖에서 독일어를 가르치는 기관 중 최고라는 명성이 있다. 그렇지만 다른 학원에 비해 수강료가 상당히 비싸다.

접근성도 중요한 요소이다. 시민학교나 사설 어학원은 독일의 거의 모든 도시와 마을에 있지만 독일문화원은 13개 대도시에만 있다. 그러나 독일에 오기 전에 기초 독일어를 떼고자 한다면 세계 98개국 총 159곳에 있는 독일어문화원에서 배우는 게 좋다.

유용한 단어와 표현

독일어 강의를 듣기 전이라도 알아두면 매우 유용한 단어와 표현 몇 가지를 소개한다. 이를 알면 독일 사회에 적응하는 과정이 훨씬 순조로워질 것이다.

기본 표현들

- **Danke** 당케 / **Nein, danke** 나인, 당케 : '감사합니다'와 '감사하지만 사양하겠습니다.' 이 기본적인 표현을 독일 체류 초반에 놀라울 정도로 많이 쓰게 될 것이다.
- **Bitte** 비테 : '부탁입니다'와 '천만에요' 두 가지 의미로 쓴다. 이 말로 약간의 공손함을 보이면 분위기를 훨씬 부드럽게 만들 수 있다.
- **Entschuldigung** 엔츌디궁 : '실례합니다.' 주로 무엇을 물어볼 때 쓴다. 길에서 누군가와 부딪혔거나 부딪힐 뻔했을 때도 쓴다.
- **Guten morgen** 구텐 모르겐 / **Guten tag** 구텐 타크 / **Guten abend** 구텐 아벤트 / **Gute nacht** 구테 나흐트 : 순서대로 아침, 점심, 저녁, 밤 인사다. 'Gute nacht'는 물론 헤어질 때 하는 인사말이다. 독일 남부나 오스트리아에서는 모든 인사를 'Grüss gott 그뤼스 고트'로 대신하기도 한다.

- **Wie geht's?** 뷔 게츠? : '안녕하십니까?' '어떻게 지내요?' 하는 인사말이다. 누군가 이렇게 물어오면 간단하면서도 효과적으로 대답하는 방법이 있다. 'Es geht mir gut 에스 게트 미어 구트'(잘 지내요) 또는 'Es geht mir schlecht 에스 게트 미어 슐레히트'(안 좋아요)

음식과 음료

- **Ich habe hunger** 이히 하베 훙어 / **Ich habe durst** 이히 하베 두어스트 : '배고파요'와 '목말라요.'
- **Frühstück** 프뤼스튀크 / **Mittagessen** 미탁에센 / **Abendessen** 아벤트에센 : 순서대로 아침, 점심, 저녁식사를 뜻한다. 'essen'은 '먹는다'와 '음식' 두 가지 뜻이 있다.
- **Speisekarte** 슈파이제카르테 : 메뉴판. 주의해야 할 사항이 있다. 식당에서 "다스 메뉘das menu"라고 하면 서너 코스로 이루어진 그날의 요리를 갖다 준다.
- **Bezahlen, bitte** 베찰렌 비테 : 계산서를 주세요.
- **Bitte, wo ist~?** 비테, 보 이스트~? : '실례지만 ~는 어디에 있나요?'라는 뜻이다.
- **Das gefällt mir** 다스 게펠트 미어 / **Das gefällt mir nicht** 다스 게펠트 미어 니히트 : '마음에 들어요'와 '마음에 들지 않아요'.

가장 중요한 두 가지

Ich spreche kaum Deutsch, Sprechen sie Englisch? 이히 슈프레헤 카움 도이치, 슈프레헨 지 엥글리시? : '독일어를 거의 못해요. 영어를 할 줄 아십니까?'라는 말이다.

표지판

Offen 오펜	열림
Geschlossen 게슐로센	닫힘
Eingang 아인강	입구
Ausgang 아우스강	출구
Drücken 드뤼켄	미세요
Ziehen 치엔	당기세요
Gefahr 게파어	위험
Vorsicht! 포어지히트	주의!
Umleitung 움라이퉁	우회로
Fahrkarten 파어카르텐	티켓
Abfahrt 압파어트	출발
Ankunft 안쿤프트	도착
Damen 다멘	숙녀
Herren 헤렌	신사
Besetzt 베제츠트	사용 중
Frei 프라이	무료
Heiss 하이스	뜨거움
Kalt 칼트	차가움

시간 · 날짜 · 숫자의 표기

독일인은 시간을 표기할 때 0시, 즉 자정부터 시작해 24시간 단위를 사용한다. '20:30h'는 오후 8시 30분을 가리킨다. 재미있는 것은 시간을 표기할 때만이 아니라 말로 지시할 때도 이 방식을 따른다는 것이다. 독일인에게 실질적으로 오전과 오후라는 개념은 존재하지 않는다. 그 반면에 오전 9시는 종종 '이른 9시(neun uhr früh, 노인 우어 프뤼)'라고 표현한다.

한편 8시 30분을 '8시 반'이 아닌 '9시 30분 전'(halb neun, 할프 노인)으로 표현하는 것도 아주 독특하다. 영어식 시간 표기에 익숙한 사람은 독일어를 번역할 때 이 점을 실수하지 않도록 주의해야 한다.

날짜를 표기할 때도 독일인은 달 이름을 쓰지 않고 일, 월, 연도를 모두 숫자로 표기하고 각 숫자 사이에 마침표를 넣는다. 가령 '31.12.99'는 1999년 12월 31일을 뜻한다. 연도 표시가 없는 경우를 특히 주의해야 하는데, '06.05'는 6월 5일이 아니라 5월 6일이다.

숫자 체계 역시 대체로 세계 공통이지만 독일은 조금 다른 방식을 따른다. 독일에서는 소수점에 마침표 대신 쉼표를 쓰고, 천과 백만 등의 단위에 마침표를 찍는다. 가령 '98,6'은 우리 식으로 98.6을, '4,25'는 4.25를 의미하고, '1.200'은 1,200(일천이백)을 나타낸다.

또한 독일에서는 숫자 '1'을 쓸 때 왼쪽 위에 반드시 작은 꼬리를 그려야 하고, 그것과 구별하기 위해 '7'은 숫자 중간에 사선을 하나 긋는다.

이름과 직업별 호칭

독일어를 배울 때 중요하게 익혀야 할 부분 중 하나는 이름과 호칭을 적절하게 사용하는 방법이다. 특히 공공장소에서 사람을 부를 때 이는 중요한 매너다.

헤어/프라우/프로일라인

독일에서 상대방의 성을 부를 때는 헤어Herr(씨), 프라우Frau(부인), 프로일라인Fräulein(양) 등의 호칭을 이름 앞에 붙인다. 헤어는 남성에게, 프라우와 프로일라인은 여성에게 붙이는데, 어릴 때는 프로일라인을 붙이다가 만 18세를 넘기면 프라우로 호칭을 바꾼다. 영어의 미스, 미세스와 달리 두 용어의 사용에 결혼 여부는 상관이 없다. 또한 흥미롭게도 호칭 앞에 정관사를 붙여 디 프라우die Frau나 데어 헤어der Herr라고 말하면 각각 신사, 숙녀라는 의미가 된다.

직업별 호칭

대부분 상황에서는 헤어, 프라우, 프로일라인, 이 세 가지 호칭이면 충분하겠지만 독일 사람들은 그보다 더 구체적이고 다양한 직함을 이름 앞에 붙이는 것을 좋아한다. 독일 전화번호부를 뒤적이면 이런 문화를 잘 알 수 있는데, 많은 이름 앞에 공학박사, 경제학사, 생물학사 등의 최종학력이 붙어있는 것을 찾아볼 수 있다.

이름을 부르며 인사할 때는 이런 학위를 붙이지 않지만 독토어Doktor(박사) 호칭은 꼭 붙여야 한다. 독일에서는 어느 분야에서든 박사 학위를 땄다면 모두가 그 사실을 인정하고 존중해 주기를 기대한다. 가령 이름 앞에 '프라우' 또는 '헤어'만 넣는 대신에 '프라우 독토어' 또는 '헤어 독토어'를 넣어 인사한다. 그리고 프로페서Professor(교수)나 디렉토어Direktor(이사장, 감독 등) 또는 셰파르츠트Chefarzt(주임의사)와 같은 지위에 있는 사람들도 해당 일을 하는 상황에서는 성 앞에 직함을 넣어 불러주기를 기대한다.

귀족 직위

1919년 이후 독일 헌법에서 귀족에게 주는 특혜를 모두 폐지했음에도 여전히 소수의 사람들은 귀족 조상이 물려준 명목상의 작위를 사용하며 거들먹거린다. 따라서 오늘날에도 프린츠Prinz/프린체신Prinzessin(왕자와 공주), 헤어초크Herzog/헤어초긴Herzogin(공작과 공작부인), 그라프Graf/그래핀Gräfin(백작과 백작부인)이라는 호칭이 남아있다. 만약 이런 위엄 있는 직위를 가진 사람을 만난다면 그의 성 앞에 직위를 붙여서 부르는 것이 좋다. 안 그러면 그 사람뿐만 아니라 주변 사람들까지 당신을 매우 무례한 사람으로 여길지 모른다.

9

독일에서 일하기

독일은 통합된 유럽 경제에서
역동적인 엔진 역할을 하고 있으며 앞으로도 그럴 것이다.

– 유럽연합 보고서

내가 독일에서 만난 사람들 대부분이 독일에 온 이유는 다음 두 가지 중 하나였다. 첫째, 연인 또는 배우자가 독일에서 살기 때문에. 둘째, 독일 경제라는 유망하고 안락한 환경에서 돈을 벌기 위해서. 당신 역시 경제적 이유로 독일에 올 확률이 높다. 만일 그렇다면 확실히 알아둬야 할 것들을 소개한다.

당신은 어쩌면 독일에서 사업을 하려고 계획하고 있을지 모른다. 이 나라에서 사업을 시작할 열망이 있는 사람들을 위한 내용은 이 장 후반부에 넣었다. 우선은 다니던 회사를 통해 독일로 왔거나 이곳에서 매력적인 직장을 얻으려는 사람들을 위한 내용부터 다루겠다.

긍정적인 근로 환경

당신이 독일에 와서 머물기로 결정한 중요한 요인으로, 쾌적한 근로 환경에 대한 기대감이 있을 것이다. 실제로 독일에서 일하고 있는 수많은 아시아인과 유럽인, 북아메리카인은 독일에서는 어떤 분야의 일이건 상관없이 자신이 맡은 분야에서 일을 잘해 낸다면 그것에 대해 존중받을 것이라고 말한다. 1990년대에 독일 호텔에서 일했던 한 영국인은 이렇게 증언했다. “여기서는 당신이 하는 일에 따라 판단을 받습니다. 당신이 어떻게 말하느냐 또는 어디에서 사느냐, 가정환경이 어떠하냐가 아니라요.” 독일인 대부분 그리고 외국인 근로자들도 이 말에 동의할 것이다. 여기서는 당신이 한 일에 대해 정확히 인정하고 보상해 준다. 그것도 관대하게 말이다.

노동관

독일 국민에 관한 고정관념 중 가장 오래된 것이 아마 '근면한 독일인'이라는 개념일 것이다. 독일 밖에서는 거의 모든 사람이 이곳을 '일중독자들의 나라'라고 확신하고 있으니 말이다. 하지만 충격적인 사실이 있다. 세계적인 일중독자라는 독일인이 사실은 다른 나라 사람들보다 훨씬 적은 시간을 일한다는 것이다. 2014년의 공식 통계에 따르면, 독일 노동자는 연간 1729시간 일하는 일본인, 1789시간 일하는 미국인보다 적은 1371시간을 일했다.

근무시간대

이 1371시간은 하루 8시간 근무하는 171일로 나뉜다. 단, 주당 근로시간이 평균 37.5시간인 독일에서는 8시간 근로를 다 채우지 않는 경우가 많다. 가령 평소 독일에서의 근무 시간은 다른 나라보다 일찍 시작하고 일찍 끝난다. 독일 회사에서 오전 7시 출근을 요구해도 너무 놀라지 마라. 보통은 8시 출근이지만 많은 회사가 30분을 앞당겨 7시 30분에 출근하고 있다.

반면에 다른 나라 근로자들이라면 오후 근무 중간 시간대를 지나고 있을 무렵에 독일에서는 퇴근을 준비한다. 점심시간을 얼마나 갖느냐에 따라 다르지만 오후 3시나 3시 반, 늦어도 4시에는 확실히 퇴근하니 희망을 가져라.

업무를 일찍 보라

이런 시스템 안에서는 누군가의 행운이 다른 누군가에게는 불행이 된다. 가령 오후 4시 이후에 사무실에 있는 누군가와 업무상 접촉을 하게 될 가능성은 매우 낮다. 그러므로 중요한 업무가 있다면 그 전에 처리해야 한다. 더욱이 금요일이라면 그 시간을 한 시간 앞당겨 오후 3시 전에는 중요 업무를 모두 마쳐야 한다. 많은 사람이 금요일 오후부터 주말 휴일을 쓰기 때문이다.

독일 경제의 기본 원리

일찍 출근하고 퇴근하는 것은 관습과 선호도의 문제이다. 그러나 주당 짧은 근로시간은 독일의 강력한 노동조합이 이루어낸 성과임이 확실하다. 독일에서 노동조합에 가입한 수가 최근에 약 20퍼센트 줄기는 했지만 여전히 상당한 영향력을 행사하고 있다(이 영향력의 상당 부분은 230만 명의 조합원이 가입된, 세계에서 가장 큰 노동조합인 독일금속노조IG Metall에서 나온다). 노동조합은 이 나라의 전설적인 사회적 시장경제Soziale Marktwirtschaft[16]를 구성하는 초석의 하나이다.

독일 경제의 기본 원칙은 모든 경제 집단을 최대한 수용하는 것이다. 과거 전쟁이 끝난 뒤의 독일은 나라를 재건하고 사회를 다시 돌아가게 하기 위해 모든 집단의 완전한 협력이 필요했다. 실제로 폐허와 같았던 패전국 독일을 경제 대국으로 변화시킨 기적은 이 원칙에서 나왔으며, 이런 원칙이 없었다면 독일의 경제 기적도 없었을 것이다.

사회적 동반자와 사회 협약

독일 경제의 주요 원칙 중 또 하나는 고용인과 노동조합 간에 체결한 신성한 '사회 협약'이다. 지난 수십 년간 독일은 근로자와 경영진이 서로 적대적으로 자기 입장만 주장하며 사회 불안과 불만을 조장하는 대신에, 합의와 양보를 추구하며 장기간 산업계의 평화를 이루어냈다.

그 결과 오늘날 독일은 노동자의 권리뿐 아니라 노동자의 시간 투입 면에서도 모범적인 나라가 되었다. 즉, 노동자들이 얻어낸 것 중의 하나가 짧은 근로시간과 많은 유급 휴가이다. 그 대신에 다른 나라보다 파업으로 손실되는 근로시간이 훨씬 적다. 물론 완벽한 제도란 없고, 독일 역시 파업과 태업, 작업 정지로 종종 업무에 차질을 빚기도 하지만 수십 년간 모든 상황이 훌륭하게 잘 돌아가고 있다.

고용과 해고

세계적으로 구조조정과 인원 감축이 주요 사회 문제로 부상하고 있다. 그러나 당신은 아마 독일에서는 직원을 해고하기가 불가능하다는 얘기를 어디선가 들었을지 모른다. 이런 이야기는 독일의 복잡한 법규를 오해한 것에 불과하다. 사실은 이렇다. 독일은 근로자 해고와 관련해 강력한 법규가 아주 많지만 그 법규들은 고용과 해고 자체를 금지하는 것이 아니라 제동을 건다.

다시 말해, 독일에서는 정당한 사유 없이 근로자를 해고할 수 없다. '정당한 사유'에는 절도, 반복되는 지각, 고용인이나 동료 직원들에 대한 폭력이나 협박, 경쟁사에 사업 기밀 누출 등이 포함된다. 그리고 직장의 노동자 협의체가 해고를 승인했더라도 당사자가 해고에 불복하면 노동 재판소(Arbeitsgericht, 아르바이츠게리히트)에 호소할 수 있다. 그러면 고용인은 해당 노동자에 대한 해고를 정당화할 만한 증거를 제시해야 한다. 그렇지 못하면 노동자는 복귀되거나 회사와 합의를 할 수 있다.

한편 고용인은 사업이 잘되지 않을 때에도 노동자를 해고할 수 있는데, 이 경우 각 분기 말(즉 3월, 6월, 9월, 12월 말) 6주 내에 노동자에게 정식으로 고지해야 한다. 물론 이 경우에도 노동자 협의체의 승인을 받아야 하고 노동자는 노동 재판소에 호소할 수 있다. 더욱 중요한 사실은, 노동자가 해고를 받아들이거나 노동 재판소가 해고를 승인해도 해당 노동자는 법에 따라 합의를 할 권리가 있다는 점이다.

또한 정식 절차를 밟아 근로자를 해고하는 것보다 쉬운 방법이 있다. 법정 고용 초반에 수습 기간(probezeit, 프로베차이트)를 거치는 것이다. 이 기간에 고용인은 수습사원을, 수습사원은 새 직장과 고용인을 관찰할 수 있으며 양쪽 모두 어느 때고 이유 없이 고용 계약을 해지할 수 있다. 수습 기간은 통상 3개월이지만 최근에는 6개월까지 늘어나는 추세이다.

독일식 완벽주의

독일 산업계의 평화를 유지하기 위한 사회 협약이 요즘은 약간 진부해진 듯도 하지만 꽤 오랜 기간 유지되어 왔다. 이는 독일인이 '고품질 작업'이라는 명성을 유지해 온 만큼의 기간과 맞먹는다. 독일이 상대적으로 짧은 근로시간에도 고품질 명성을 유지할 수 있었던 주요 원인은 예의 '완벽주의' 전통을 고수한 덕분이다. 앞에서도 언급했듯이 독일인은 일할 때는 정말 열심히 일한다. 실제로 많은 사람들은 독일인이 '지나치게 열성적'이라고 할 만큼 완벽한 수준을 추구한다고 혀를 내두른다.

이는 천연자원이 거의 없는 독일 경제 상황에서, 산업혁명 초기부터 주로 사람의 재주와 근면함에 의존해야 했기에 필연적인 결과다. 실제로 19세기 초반부터 독일 산업은 다른 나라에서 원료를 수입해 전문 기술로 제품을 가공하고 부가가치를 드높인 다음에 수출하는 것이 주를 이루었다.

1920년대에 이미 '독일산Made in Germany'이라는 이름표는 세계적 품질을 보장하는 품질 마크와도 같았다. 그러나 유감스럽게도 지난 30년 간 몇몇 분야에서는 빛을 잃었다. 그렇다. 급작스런 '가치 변화'가 독일인의 전통적인 작업 습관에도 침투해 이전만큼 철저하게 일하지 않게 되었다. 독일인의 전설적인 추진력이 요즘은 때때로 중립에서 멈추는 듯하다. 특히 젊은이들 사이에서 노동관이 약해진 것을 보고 관리자나 나이 든 고용인들은 개탄한다.

그러나 좀 더 침착한 관측자들은 독일 특유의 노동관이 사라졌다는 보고는 과장되었다고 지적한다. 물론, 종전 직후의 나라를 폐허 상태에서 빠르게 경제 강국으로 재건해낸 근면성이 어느 정도 약화된 것이 사실이다. 그러나 이런 변화는 급변하는 국내외 경제 상황을 고려하면 어느 정도 예측 가능한 일이었다.

독일인은 여전히 꽤 부지런하다는 소리를 듣는다. 비록 예전 같지는 않아도, 나이를 불문하고 몸과 정신에 깊이 밴 독일인 특유의 완벽주의에 도달하기 위해 무척 헌신적으로 일한다. 이에 대한 강력한 증거로 BMW, 메르세데스 벤츠 자동차, 머크 제약회사, 자이스 정밀광학기기, 지멘스 전자전기 제품, 졸링겐 강철 주방기기, 브라운 가전기기 등을 생각해 보라. 이는 시작에 불과하다. 고품질로 명성이 자자한 독일의 많은 우수 기업과 제품들이 독일인의 노동관이 여전히 얼마나 강력한지를 보여 준다.

완벽주의에 필요한 속도

당연한 말이지만 완벽함에는 시간이 걸린다. 이미 잘 훈련된 사람들이라 해도 그렇다. 그래서 많은 외국인은 독일인이 원하는 완벽주의에 부합하는 데 시간이 너무 오래 걸린다는 사실에 종종 실망한다. 다른 나라에서라면 회사나 공급업체에서 어떤 사업을 시작하겠다고 먼저 결정을 내린 뒤에 세부사항을 살피지만, 독일에서는 결정을 내리기 전에 세부사항부터

© MR. INTERIOR

독일인의 완벽주의는 때때로 외국 파트너들을 질리게 만든다.
그러나 그런 헌신적인 성실함 덕분에 세계 자동차의 역사를 주도할 수 있었다.

살펴본다. 이런 차이 때문에 많은 외국인이 불만스러워한다. 당신이 사업을 함께하고자 하는 독일 회사로부터 답변을 기다리는 상황이라면 불만이 더할 것이다. 독일 회사들은 사업을 진행시키기에 앞서 수많은 면을 최대한 철저히 조사하려 하기 때문에, 당신이 원하는 답변을 주기까지 시간이 상당히 오래 걸릴 수 있다.

일자리 구하기

독일 사회에서 계획의 중요성을 기억하라. 그리고 독일 회사에서는 직원을 급하게 뽑는 일이 거의 없다는 사실을 알아둬라. 고용인이나 피고용인은 각 분기 말부터 6주 동안 구인 공고와 구직 신청서를 내는데, 오늘 인터뷰를 한다고 해도 한 분기가 지나서 자리가 나기도 한다.

만일 당신이 영업 감각보다 손재주가 더 강하다면 독일 사회는 숙달된 장인과 전문직 종사자를 매우 중시한다는 사실을 잊지 마라. 단, 독일에 올 때 당신의 재능을 증명할 수 있는 서류를 전부 챙겨 오고 그것이 독일에서 인정받기를 기도하라. 독일 당국에서 자격증을 인정하지 않는다면 독일에서 따로 훈련 프로그램에 등록해 교육을 받아야 한다. 당신이 어떤 분야에서 아무리 전문가라 해도 그것을 입증할 자격증이 없다면, 안타깝게도 독일에서는 그 분야 일을 할 수 없다.

서비스 산업

앞 장에서 잠깐 언급했듯이 이상하게도 독일에서는 대기자를 위한 번호표 제도나 소량 계산대가 없고 영업사원들도 대부분 친절하지 않다. 여기에 한 가지 덧붙이면, 회사 측의 실수로 고객이 불편을 겪어도 독일 회사들은 고객에게 호의를 베푸는 조치를 조금도 취하지 않는다.

이런 상황들을 보면 독일에서 서비스 개념은 다른 나라에서처럼 중요하지 않다. 독일에서 고객 서비스란 그저 믿을 만한 좋은 제품을 제공하고 나중에 필요한 수리를 해주는 것으로 정의할 수 있다. 쇼핑과 거래 그 자체에서 고객이 유쾌한 경험을 하게 하는 것, 그런 영역에서는 한참 뒤떨어지는 것 같다.

더욱 당황스러운 사실은, 독일 소비자들은 다른 나라에서는 기본에 속하는 편의와 친절을 공급자에게 요구하지도 않는다는 점이다. 왜 그럴까? 독일의 문화 자체가 현 서비스 상태를 지속시키는 악순환을 만든다. 고객은 친절하지 않은 서비스를 제공받아도 애초에 친절을 기대하지 않기에 불평하지도, 더 나은 서비스를 요구하지도 않는다. 따라서 기업은 서비스를 향상시킬 필요를 못 느낀다. 결과적으로 고객은 친절한 서비스를 받지 못한다…… 아아, 이제 이해가 갈 것이다.

물론 독일 사람들도 가끔 빈약한 서비스나 매장 운영 방식에 대해 타당한 불평을 한다. 그러나 불평을 드러내놓고 하는 경우는 거의 없다. 혼잣말로, 아니면 뒤에서 소비자들끼리 투덜대거나 눈살을 찌푸린다. 기껏해야 집에서나 친구들에게 불평하는 게 고작이다. 상점에서는 오히려 정체된 시스템 때문이 아니라 고객이 느리게 움직인다고 비난한다. 독일인은 왜 자국의 뒤떨어지는 서비스 문제에 대해 마치 나쁜 날씨를 탓하듯 하는 것일까? 그들은 매우 유감스럽지만 어떻게 해야 하는지 모르는 것 같다.

바쁜 직장인들이 모여 있는 베를린 포츠담 광장의 금융지구.
독일 기업들은 아침 일찍부터 업무를 시작해 보통 오후 4시 전에는 일을 마친다.

이것이 서비스 분야에서 안 좋은 소식이다. 좋은 소식은, 미소를 기대하지 않는 한 독일의 서비스업계가 다 나쁘지만은 않다는 사실이다. 가전제품이나 가구를 구입할 경우, 배송이나 수리 포함 여부를 떠나서 기본적인 일은 아주 잘한다(다른 나라에서보다 조금 오래 걸릴지는 몰라도).

업무 특성

독일에서 취업하거나 사업을 하려면 업무 시간을 한두 시간 앞당기는 것 외에도 그 시간에 쉬지 않고 열심히 최선을 다하는 태도로 임해야 한다. 독일 사회와 마찬가지로 독일 비즈니스 업계에도 나름의 특성이 있다. 당신이 '어쨌든 만족하는' 직장을 가진 다수에 속하느냐 마느냐는 이런 특성에 적응하느냐 그렇지 못하느냐에 달려 있다. 관계 중심적인 아시아, 라틴

아메리카의 문화와 달리 독일 문화는 완전히 업무 중심적이다. 이런 경향은 비스니스 환경에서 더욱 뚜렷하게 나타나는데, 업무 성과에 비해 관계는 중요도가 한참 떨어진다.

독일인과 사업 계약을 맺을 때 그들의 문서 숭배 경향이 확실히 드러난다. 그들은 계약서를 최종 결정, 즉 협상의 체결로 본다. 따라서 어떤 프로젝트를 진행할 때 계약서를 최종 진리로 보는 데 반해, 아시아 문화권 사람들은 계약서를 단지 진짜 협상의 시작으로 여긴다. 사업을 하는 내 학생들 다수는 중동이나 아시아 고객과 사업 계약을 진행하면서 그들이 이미 체결한 계약서를 변경하려고 하는 것 같다고 불만을 털어놨다.

업무 중심적이라는 말은 '문제 중심적인 사회'라는 말과 맥을 같이한다. 비즈니스 상황에서 그것은 문제가 스스로 드러나기를 기다렸다가 독일식 완벽주의로 해결하는 독일인 특유의 특성을 설명해 준다. 확실히 독일인은 예방적이라기보다 사후반응적이다. 그들은 모험가나 개척가가 아니다. 아시아나 북아메리카 사람들처럼 스스로 문제를 예측해 해결책을 찾지 않고, 문제가 불거지고 나서야 그 문제를 해결하려고 움직인다. 문제가 생기기 전에는 결코 먼저 나서는 법이 없다.

반면에 절차를 대단히 중시해서 언제나 게임의 규칙을 알고 싶어 하고 그 규칙을 명확하게 문서화하기를 원한다. 말하자면 독일인은 절차에 집착하고 문서를 중시하는 '문서 숭배자'들이기 때문에 어떤 일도 문서 없이는 진행하지 않으며, 그것이 전제되어야만 그들이 그토록 원하는 안정감을 얻는다.

독일인은 또한 '구조 숭배자'이기도 해서 일을 착수하기 전에 잘 조직된 구조를 갖추는 것을 좋아한다. 결과적으로 독일에서는 유기적인 구조가 최종 목표에 더 우선한다고 느껴질 때가 많다.

기업의 구조

독일 기업의 기본 구조는 에펠탑이나 피라미드형처럼 매우 계층적이다. 조직 내에 엄격한 계급 체계가 있는 데다 역할에 대한 정확한 범위 규정과 권한 위임으로 계층 구조가 더욱 강화된다. 책임의 범위도 명확하게 규정되어 있다. 따라서 위에서부터 아래까지 모든 직원이 자신에게 주어진 임무에만 관심을 갖는다. 독일인의 융통성 부족이 여기서도 잘 드러나는데, 직장에서 자신의 역할이 한번 주어지면 그 역할 안에만 머물려고 노력하고, 주어진 역할 밖의 어떤 서비스나 활동을 몹시 꺼린다.

브링슐트와 홀슐트

독일 기업 문화와 관련한 기능을 설명하는 두 가지 용어가 있다. 뭔가를 가져올 의무를 뜻하는 '브링슐트Brinschuld'와 뭔가를 수집해 올 의무를 뜻하는 '홀슐트Holschuld'가 그것이다. 이런 의무는 독일의 대부분 기업에서 피고용인들이 정보를 모아 사다리의 높은 층으로 올려 보내는 관행에서 잘 드러난다.

최고경영진은 아래로부터 올라온 모든 정보를 수집하고 정리해서 결정을 내린다. 수많은 정보가 상부로 올라가지만 강력한 권고나 정책의 방향 전환과 같은 내용은 보통 삭제되어 보고된다. 독일 회사의 명령 체계는 상달식이 아니라 하달식이기 때문이다. 최고경영진이 내린 결정은 여러 지휘 체계를 따라 밑으로 전해지고, 가장 아래 단계에 있는 사람들은 그 방침을 그저 수행하면 된다.

"이건 남자들의 세계, 남자들의 세계이다. 그러나 여자가 없었다면 아무것도, 아무것도 아닐 것이다." 미국의 R&B 가수이자 작곡가인 제임스 브라운의 노래 가사이다. 그가 혹시 오늘날 독일 기업을 위한 주제가를 쓰려고 했던 것일까? 사실 여자'들'이라고 해야 하겠지만 말이다.

대략적으로 독일 여성의 노동 참여율은 50퍼센트에 달하고, 이들의 참여로 독일 경제는 계속 콧노래를 부르고 있다. 그러나 독일의 경제 체계 전반에 불평등이 만연해 있다. '어쨌든 만족'한다는 그룹에 들지 않는 사람 대부분이 여성들일 게 확실하다.

불만족의 주된 원인은 임금 격차에 있는 것 같다. 2002년 정부 공식 통계에 따르면 민간 부문에서 여성 노동자의 임금은 남성의 73퍼센트에 불과하고, 공공 부문에서도 여성은 남성 동료 임금의 77퍼센트밖에 받지 못했다. 계속되는 조사에서도 여성은 동등한 일을 하는 남성만큼 임금을 받는 경우가 거의 없었다.

독일 경제 전반의 중요한 위치에 여성들이 포진해 있지만, 수많은 연구와 조사들은 여성의 진급을 막는 보이지 않는 장벽이 있다고 보고한다. 2002년 조사에 따르면 독일 남성 근로자 중 6.4퍼센트가 관리자나 간부로 분류되는 데 반해 여성은 단 3퍼센트만이 이 부류에 들어갔다. 이런 우울한 통계 비율은 연구 조사가 시작된 1963년 이래로 거의 변동이 없다.

불평등의 근본 원인은 무엇일까? 사실 몇 가지 요소는 정당할 뿐만 아니라 꽤 설득력 있어 보인다. 가령 엔지니어링과 같은 전문 기술을 중시해 온 독일 경제에서는 전통적으로 조직

내 높은 자리를 이 분야 경력자가 차지했다. 당연히 이런 분야에는 여성의 존재가 미미했다.

> 내 비즈니스 영어 수업 시간의 경험을 잠깐 소개한다. 독일 여학생들은 대부분의 남학생보다 명백히 실력이 뛰어난데도 수업시간에 말을 잘 하지 않았다. 남학생들의 틀린 답에 대해 여학생이 정확하게 고쳐 대답할 때도 거의가 미안해하면서 발표했다. 또한 소그룹으로 나눠 역할극을 할 때 여학생들은 영어를 잘하고 주도적인 위치에 있었음에도 남학생들에 비해 덜 중요한 역할을 맡았고 이런 상황을 대체로 수긍하는 듯했다!

나의 개인적인 경험과, 여성과 남성을 포함한 많은 사람의 보고를 종합해 보면 독일 비즈니스계에서 여성은 자신감, 즉 자기 확신이 부족하다. 물론 여기에는 유전적인 것보다 남성 동료나 상사에게서 들은 부정적인 반응이 더 크게 작용했을지 모른다. 아무튼 독일 비즈니스계에서 자신감은 강력한 무기이다. 자신감이 부족하면 또 다른 문제, 즉 자기 의심에 빠진다. 물론 여성들은 자기 의심 또한 특권을 포기하지 않으려는 남성 중심의 비즈니스계에서 주입한 것이라고 말할지도 모르겠다.

원인이야 어떻든 독일에 일을 하러 오는 여성이라면 스스로 뚫고 나가야 할 장벽에 대해 알아야 한다. 당신이 이룬 성과나 기술에 대해 완전히 평가받지 못할 가능성이 있지만 그래도 이 남성 중심의 비즈니스계에서 남성에게 뒤처지지 않으려면 매우 열심히 달려야 할 것이다.

비즈니스 시작하기

독일을 자세히 들여다본 다국적 기업과 정력적인 기업가 군단은 군침을 흘린다. 세계 4~5위의 경제 대국, 단일 시장으로 빠르게 팽창해 가는 유럽연합의 엔진으로서 새로운 유럽의 심장부에 위치하고 거대한 내수 시장과 고급 인력, 튼튼한 사회 기반 시설을 갖춘 이 시장에서 어느 누가 실패할 수 있을까?

의심의 여지없이 독일은 전도유망한 경제 환경을 갖추었다. 그러나 이 때문에 진입하기가 매우 까다롭다. 만약 이곳에서 비즈니스를 시작하려 한다면 원하는 모든 문이 당신을 향해 활짝 열리리라고 기대해서는 안 된다. 많은 위험에 미리 대비하지 않으면 독일 시장에서 실패할 것이 불을 보듯 뻔하다.

시작을 위해 필요한 기본 사항

독일에 대한 사전 조사를 마치고도 여전히 도전하겠다는 확신이 섰다면 우선 법인체를 구성해야 한다. 독일에서 가장 흔한 회사 구조는 일반 주식회사인 '게엠베하GmbH'와 공공유한 회사인 '아게GA'가 있다. 아게는 이사회와 감사원 설치 의무, 기업 공개의 의무 등 법률로 규정된 의무가 많아서 비용이 많이 들 뿐 아니라 게엠베하에 비해 상업적 이익을 크게 보장받을 수 없다. 따라서 규모를 막론하고 대부분의 외국 회사가 게엠베하를 선택하는데, 아마 당신도 그럴 가능성이 크다.

더욱이 독일에서는 게엠베하로 법인을 구성하는 절차가 다른 나라에서보다 간소하다. 회사설립허가서의 입안을 작성할 때도 세부 항목을 길게 설명할 필요가 없고 주주나 기업 수장, 이사들의 국적 제한도 없다.

필요한 것은 최소 2만 5000유로의 자본금과 사업체를 인증하는 공증(Notar)이다. 공증 인감을 받은 등기부를 가지고 사업체 관할 구역에 있는 지방자치단체의 상공등기소(Handelsregister)에 가서 등록하면 된다.

은행의 역할

독일에서 사업을 하는 사람이라면 은행에 반드시 익숙해지고 가까워져야 한다. 미국 경제잡지 〈비즈니스 위크〉에서 독일의 '케케묵은 은행 제도'에 관해 기사를 낸 적이 있다. 당신도 개인적으로 독일 은행과 얽힌 경험이 있을 것이다. 부정적인 측면을 본다면, 독일의 은행가들은 천편일률적으로 보수적이어서 안정되고 입증된 사업체나 그런 영역에만 투자하려 한다. 만약 당신의 사업체가 이 기준에서 벗어나 있다면 은행에서 호의적인 소리를 기대하기 어렵다. 하지만 독일에서 성공하려면 사업 활동 초기에 은행에서 자본을 얻어내든가, 아니면 독일 밖에서 투자자들을 모아야 한다.

다행히, 독일 은행의 좋은 점도 있다. 독일 은행은 재정 지원이나 조언 이상을 제공한다. 은행은 당신의 사업 분야에 대해 광대한 정보를 보유하고 있으며, 잘만 하면 관청 등 주요 거래처들과의 접촉을 주선해 줄 수도 있다. 이것이 가능한 이유는 독일 은행에 회사 설립의 모든 과정을 지원할 수 있는 전문가들이 포진해 있기 때문이다. 일반적으로 독일 은행은 다른 나라 은행들보다 비즈니스계에 더 깊이 관여하는데, 실제로 요청만 한다면 독일 은행에서 적절한 경영자 및 주요 요원을 찾는 일까지 도와줄 것이다. 그러니 당신과 같은 분야에서 사업을 하는 지인에게 먼저 물어보고 적절한 은행이나 인사를 추천받아서 가도록 하라. 대책 없이 무작정 방문한다면 냉랭한 응대를 받을 확률이 높다.

규정을 지켜라

독일에서 경제활동을 하려면 상당히 많은 규칙과 규정들이 있다는 사실을 이미 알고 있을 것이다. 이런 규칙과 규정들이 독일 산업계의 평화를 지키고 경제를 더 탄탄하게 만든다. 또한 독일에서 사업을 준비하다 보면 많은 규정과 불문율만큼이나 그것이 매우 엄격하게 지켜진다는 사실에 불만을 느끼게 될지 모른다. 그러나 정확히 이런 엄격한 제도 덕에 서독이 종전 후 경제 기적을 이룩할 수 있었다는 사실을 항상 기억하라.

한편 노동자들이 독일을 가장 매력적인 나라로 꼽는 요소들이 고용인에게는 비호감 요소일 수 있다. 사실 독일은 직원을 고용할 때 드는 비용이 세계에서 가장 높다고 할 수 있다. 고용인은 피고용인의 건강보험료와 연금, 노후보장 보험의 절반을 내줘야 한다. 또한 법정 공휴일과 30일간의 휴가 때도 급여를 줘야 한다.

만일 독일에서 기본 급여를 약간 줄일 계획이었다면 충격적인 사실이 기다리고 있다. 사업 분야에 따라 차이가 있지만 노동자들에게 지불해야 하는 급여는 노동조합과 기업연합이 합의한 '임금과 수당 보호 협정'에 이미 명시되어 있다. 이 단체에 소속된 숙련 직원을 고용하려면 12월에 지급해야 하는 크리스마스 보너스까지 포함해서 그 규정을 따라야 한다.

시장에 진입하기

그렇다면 과연 독일은 진입하기 어려운 시장일까? 3장에서 이미 언급했듯이 독일인은 위험을 감수하려 하지 않는다. 기업과 은행은 언제나 위험을 회피하려 노력하고, 독일 현지인들은 스스로 독립해 나오기 보다는 법적 혜택과 보호가 보장된 안전한 직장을 선호한다. 결국 독일인들 사이에서 기업가정신은 그리 활발하게 작동되지 못한다.

독일 정부가 벤처 창업을 진작시키기 위해 상당한 세금 혜택을 제공해도 기업들은 다른 곳에서 부딪히는 저항으로 힘겨워한다. 예를 들면 전체 경제에서 벤처 자금은 여전히 미미하기 때문에 독일 은행들은 거의 한결 같이 보수적이며 안정된 기업체에만 투자하려 한다.

> **사라진 커피 여과지**
>
> 나는 흰색 커피 여과지가 커피 맛을 떨어뜨릴 뿐만 아니라 건강에 해롭다고 암시하는 보고가 있자 얼마 안 되어 상점 선반에서 모조리 사라진 것을 보고 놀랐다. 건강에 해롭다는 암시에 커피 애호가들이 흰색 여과지를 외면하고 중소기업에서 만든 갈색 무표백 여과지로 몰린 것이다. 결국 여과지를 생산하는 주요 업체들은 독일 국내용 흰색 여과지 생산을 모두 중단했다.

이런 장애물을 뛰어넘었다 해도 소비자와 관련해서 넘어야 할 산이 더 있다. 독일인은 제품 충성도가 굉장히 높다. 어떤 제품을 사용해 보고 괜찮았다면 그 제품을 끝까지 고집하는 경향이 있다. 그렇다고 독일 소비자가 물건을 절대 바꾸지 않는 것은 아니다. 그럴 만한 마땅한 이유가 있을 때는 신속하게 바꾸는데, 가령 환경에 치명적인 해를 끼치는 세제라면 당장 더 친환경적인 제품으로 바꿀 것이다. 요컨대 독일 시장에 침투하려면 매력적인 신제품을 내놓으면서 옛 제품의 효력이 떨어진다는 사실까지 입증해야 한다.

세금 문제

앞서 벤처 창업에 대해 독일 정부가 세금 혜택을 제공한다고 했다. 이 혜택은 수많은 자영업자에게도 해당한다. 당신이 어떤 형태로든 자영업자라면 가능한 한 빨리 좋은 세무사를 찾아가라. 세무사가 독일의 복잡한 세법을 설명하고 당신에게 최선의 길을 안내해 것이다(독일 연방 헌법재판소 소장이었던 로만 헤어초크마저도 자신의 납세신고서를 이해하지 못한다고 인정한다).

세무사는 보통 재정과 세금 관련 자문뿐만 아니라 사업 관련 조언도 해준다. 문제는 독일에서 좋은 세무사를 찾는 것이 좋은 의사를 찾는 것보다 어렵다는 데 있다. 좋은 세무사라면 좋은 의사보다 예약 고객이 훨씬 많을 테니 말이다. 명성 있는 세무사들은 오래되고 충실한 기존 고객의 강력한 추천이 아니라면 새 고객을 잘 받지도 않는다. 방법은 친구나 같은 분야의 자영업자에게 좋은 세무사를 소개해 달라고 부탁하는 수밖에 없다.

브뤼셀과의 힘겨루기

점점 더 완전한 통합으로 나아가는 유럽연합의 회원국인 독일에서 비즈니스를 할 때 앞으로는 브뤼셀의 유럽연합 본부에

독일은 유럽연합의 전신인 유럽공동시장(European Common Market)의 첫 다섯 회원국 중 하나였고, 지금은 유럽연합의 우수 회원국이다(처음에 유럽공동시장을 추진한 목적은 프랑스와 독일 간에 또 다시 전쟁이 일어나는 것을 방지하기 위한 방안이었다고 많은 사람이 주장한다). 많은 인구를 보유한 유럽연합 회원국의 하나로서 유럽연합 의회에 가장 많은 대표단을 보내고 있다(2014년 5월 선거 이후 유럽연합 의원 총 751명 중 96명이 독일 대표이다). 유럽중앙은행(European Bank)이 1995년 프랑크푸르트에 설립되었다.

프랑크푸르트에 있는 유럽중앙은행. 파란색의 커다란 유로화 마크가 시선을 끈다.

서부터 나오는 새 규칙과 규정들에 점점 더 많은 영향을 받게 될 것이다.

독일에 유럽연합 통합 회의론자들이 많고 '브뤼셀 독재'에 대한 불만이 많다는 사실을 유럽의 다른 나라들은 놀라워하고 있다. 일련의 여론조사에 따르면 독일인 대다수가 유럽연합의 결정이 독일 경제에 미칠 변화들에 대해 불안해했다. 반면에 다른 유럽연합 회원국들은 유럽연합 집행위원회의 결정이 대개 독일과 프랑스의 이권에 따라 좌지우지된다며 우려를 표하고 있다.

실전에 유용한 조언들

지금까지 언급한 정보에 더해 독일의 비즈니스 현장에서 알아두면 유용한 몇 가지 작은 조언들을 간단하게 언급하겠다.

힘들지만 공정한

독일에서 몇 년 간 사업을 한 외국인이 독일인 사업 파트너와 소비자, 공급자들에 대해 말했다. "이 사람들은 정말 강경한 자세를 취하죠. 그러나 공정하게 게임을 합니다." 독일에서 사업하는 사람들 대부분이 이런 의견을 갖고 있는 듯하다. 독일 소비자나 공급자들에게서 양보를 얻어내리라고 기대하지 마라. 당신은 오로지 성공하기 위해 힘겨운 비즈니스계에 들어와 있다는 것을 그들도 잘 안다. 대신에 이 사람들에게서 부당한 대우를 받을 일은 없다. 독일의 오래되고 믿을 만한 기업들은 파트너나 소비자에게 공정하게 처신하는 것을 스스로 자랑으로 여기니 말이다.

좋은 첫인상 주기

독일인의 성격에 기본적으로 깊이 뿌리내린 보수성은 비즈니스계에서도 발견할 수 있는데, 가령 독일의 소비자들은 더 나은 서비스나 공급자, 경영자를 찾아 여러 가게를 돌아다니는 법이 거의 없다. 오래전부터 거래해 온 파트너를 쉽사리 바꾸지 않고 경영자도 주로 내부에서 구한다. 따라서 초반에 당신의 능력이나 제품의 품질을 각인시키는 게 중요하다. 독일 사업자와 한 번 관계를 맺으면 그들이 당신을 떨어뜨리고 다른 상대를 찾으러 나서기 전에 정말이지 각고의 노력을 해야 한다.

요컨대 고객과의 첫 거래에서 최상의 서비스 또는 상품을 제공하는 것이 매우 중요하다. 무슨 일이 있어도 납품 날짜를 지켜라. 혹시 문제가 생겼다면 고객에게 직접 연락해서 약속을 지키지 못하게 된 사유와 다음 납품 가능일을 정확하게 알려야 한다. 우선은 이런 일이 발생하지 않도록 해야겠지만, 어쩔 수 없는 상황이라면 미리 사정을 설명하고 양해를 구하라. 나중에 문제가 발생하고 나서 사과하는 것보다 이렇게 해야 고객이 훨씬 쉽게 이해해 준다.

일을 시작하기 전에 좋은 첫인상을 남길 기회도 종종 있을 것이다. 가령 구직 면접이나 계약 협상 때 말이다. 독일인은 업무 중심적이면서도 종종 외모를 본다. 그러므로 신뢰할 수 있는 업무 파트너로서 적절한 외모까지 갖춘다면 면접이나 협상에서 결정타를 날릴 수 있다.

독일처럼 근본적인 불안을 두려하는 사회에서는 자신감을 보여 주는 게 크게 도움이 된다. 많은 고용인과 임원들이 사람의 이면을 잘 간파하는 편이므로 겉으로 드러낸 자신감을 뒷받침할 만한 내면의 견고함도 함께 갖춰야 한다. 절대로 그들이 의심할 여지를 주지 마라. 자신감을 가지고 면접이나 사업 협상에 대비해 모든 면을 준비하라. 그리고 언제나 당신이 약속한 일을 끝까지 이행하라.

독일인은 신뢰감을 매우 중요하게 생각한다. 신뢰감이 없으면 고객, 승진, 구직의 기회를 잃을 수밖에 없는 비즈니스계에서는 더욱 그렇다. 항상 상대방의 눈을 보며 이야기하고 사람을 만났을 때는 힘 있게 악수하라. 비즈니스를 할 때 이 점은 매우 중요하다. 남자는 물론 여자와도 악수를 하는데 남자 동료만큼 힘 있게 할 필요는 없다. 절대로 눈을 내리깔거나 상대의 눈을 피하지 마라. 독일에서는 이런 행동을 경의나 존중이 아닌 나약함이나 신뢰 부족으로 읽는다.

성공을 위한 옷차림

독일에서 비즈니스를 할 때 의상 코드는 매우 다양해서 어느 분야에서 일하느냐에 따라 달라진다. 그러나 일반적인 비즈니스 상황에서 요구되는 기본적인 옷차림이 있다. 남자라면 짙은 색 정장에 밝은 톤의 셔츠, 넥타이 또는 스웨터, 잘 닦은 구두 차림이다.

오늘날 많은 나라에서처럼 여성은 좀 더 선택 폭이 넓다. 그러나 '어떤 차림이든 다' 되는 것은 아니다. 보수적인 회사에서는 대개 바지 정장이 허용된다. 다만 남성이든 여성이든 사

© rkl_foto

독일 기업들은 눈빛과 목소리, 옷차림까지 전반적으로
자신감 넘치고 신뢰감을 주는 비즈니스맨을 선호한다.

무실에서 너무 강렬하고 눈에 띄는 옷차림은 피해야 한다. 독일 회사들은 직원 개개인이 아닌 회사 자체가 주목받기를 원하기 때문이다.

무엇보다도 일하게 될 곳을 둘러보면서 그곳에서 대세를 이루는 의상 스타일을 따르는 게 가장 현명한 방법이다.

적절한 목소리 톤

독일 사람들과 비즈니스 미팅을 할 때는 대화 주제와 접근법, 진지함과 함께 적절한 목소리 톤을 유지하는 것도 매우 중요하다. 일반적으로 독일인의 목소리는 영어를 쓰는 사람들보다 음역이 낮은 편이므로 그에 맞춰 목소리 톤을 조금 낮추도록 한다. 이는 여성들에게도 필요한 매너이다.

또한 독일인은 사업을 매우 진지하게 여긴다는 사실을 기억하라. 회의나 사업 미팅에서 지나치게 격식을 잃거나 유머 감각을 드러내려 애쓰지 마라. 심각한 회의에서 던진 농담은 대부분 완전히 실패한다. 그리고 독일인 사업 파트너 또는 동료와 매우 친밀한 관계가 성립되기 전에는 성이 아닌 이름으로 부르면 안 된다.

직업 훈련

독일 기업은 사내 인적 자본에 대한 높은 투자율을 자랑한다. 이것이 바로 독일 경제가 성장하는 주요 동인일 것이다. 중소기업도 마찬가지이지만 거의 모든 대기업이 사내에 값비싼 훈련 프로그램(ausbildung, 아우스빌둥)을 갖추고 있는데, 이는 결과적으로 회사와 교육받는 견습생 모두에게 혜택이 돌아간다. 이런 제도를 통해 젊은이들은 유용하고 시장성 있는 기

압박 게임

더 나은 조건을 얻으려고 고용인을 위협하지 마라. 이런 방법은 독일에서는 거의 다 역효과를 낸다. 고용인을 압박한다면 먼저, 독일 기업에서 안전 다음으로 가치를 두는 신중함이 당신에게 부족하다는 사실을 입증하게 된다. 둘째로 독일의 경영자들은 위협당하는 것을 좋게 받아들이지 않는다. 극히 드문 경우를 제외하고 대부분은 심리적 압박감을 감내하느니 위협하는 직원을 내보낸다.

술을 빠르게 습득하고, 회사는 기업 문화를 제대로 이해하고 훈련도 받은 직원을 지속적으로 공급받을 수 있다.

기존 직원이 새로운 세계 시장에서 경쟁력을 높이도록 돕는 재직자 훈련 과정도 많이 있다. 독일 기업의 95퍼센트가 피고용인들에게 이런 훈련 기회를 제공하고 있다고 한다.

곧장 본론으로 들어가라

독일 비즈니스계는 저맥락 문화(low-context culture)[17]이기 때문에 상대방에 대해 많이 알 필요가 없다. 게다가 독일인은 확실히 시간을 중시하므로 예비 단계가 긴 것을 좋아하지 않는다. 그들은 농담을 최소화하고 '곧장 사업 얘기로 들어가기'를 원할 것이며, 이야기가 본론에서 벗어나 질질 끌리는 듯 보이면 당신의 말을 끊고 "중심 주제에서 벗어났습니다"라고 지적할 수도 있다. 그러니 부디 이런 단계까지는 가지 마라. 상대방의 표정이나 몸짓을 보면 대개는 그가 인내심을 잃고 있는지를 알 수 있다. 가령 상대가 손가락으로 탁자를 톡톡 두드린다거나 발을 격렬히 흔든다거나 고개를 힘 있게 끄덕인다면 아직 당신에게서 가치 있는 얘기를 얻지 못하고 있다는 뜻이다. 이런 행동은 언제나 '본론으로 돌아갑시다', 심지어는 '그만둡시다'를 의미한다.

그렇다고 독일에서 사업 얘기를 할 때 세세한 예의나 편의가 다 생략된다는 뜻은 아니다. 사업상 미팅에는 기본적으로 고객에게 커피나 광천수 또는 주스를 대접한다.

사업상 선물

이 문제는 특히나 까다롭고 어렵다. 단, 공무원이라면 간단하다. 독일에서 공무원은 정부를 대표하는 위치에 있는 사람으로서, 상대 업자들로부터 볼펜 한 자루도 받지 못하게 선물이 완전 금지되어 있다. '생각도 하지 말 것!' 이것이 분명한 지침이다.

그러나 사기업의 경우는 조금 애매하다. 여기서 독일인의 이중적인 심리와 성격이 좀 더 분명하게 드러난다고 할 수 있다. 독일 기업은 이론적으로 뇌물을 금하고 독일인 역시 뇌물은 모욕적이고 적절하지 못한 것이라고 여기지만, 한편으로는 인간이기 때문에 때때로 선물 받기를 좋아한다. 단, 어떤 일을 시작하기 전에 선물을 주어서는 안 되며(대가성 뇌물로 볼 가능성이 있다) 잘 마무리된 일이나 파트너의 충실함에 대해 나중에 감사를 표하는 정도는 괜찮다.

그런데 선물이 단순한 감사 표시인지, 뻔뻔스러운 뇌물인지는 어떻게 구분하는가? 한 가지 방법은 '확실히 선물다운' 선물을 주는 것이다. 돈 제공은 엄격히 금지된다. 선물을 줄 때 적절한 시간과 장소를 고려하는 것도 중요한데, 가령 선물이 많이 오가는 크리스마스 기간에 선물한다면 상대방이 받아들이기가 한결 쉬울 것이다.

만족스런 사업 관계에 대한 감사 선물로는 주로 와인이나 독일 샴페인 젝트, 코냑, 브랜디 등의 술 종류를 주고받는다. 꽃이나 캔디 상자, 과일이나 음식 바구니, 그밖에 작지만 유용한 물건도 적당하다. 여기서 중요한 점은, 독일인은 가까운 사이가 아니라면 선물을 주고받는 일이 극히 드물기 때문에 선물을 주는 이유와 예절이 타당해야 한다는 것이다. 한편 사업상 대형 프로젝트를 진행할 때는 주 계약자가 고객에게 감사의 표시로 와인이나 젝트와 같은 작은 선물을 주는 것은 적절하다고 여긴다.

비즈니스를 위한 접대도 일종의 선물로 볼 수 있다. 긴 협상을 마무리 지은 뒤 고객이 공장이나 사무실, 특히 도시를 방문할 경우 점심이나 저녁을 대접하거나 도시의 명소를 짧게나마 안내하는 것은 괜찮다. 이 정도 접대는 타당하게 받아들여지며, 대부분 회사에서 재정 지원을 하고 독일 정부도 세금감면 혜택을 준다.

마지막으로, 당신이 독일인 고객에게 줄 수 있는 최상의 선물은 결국은 업무를 잘 해내고 좋은 상품과 서비스를 제공하는 것이라는 사실을 명심하라. 독일인이라면 그 이상은 바라겠지만 이하는 절대 용납하지 않는다.

10

독일 속성 노트

모든 것을 아는 사람에게는 한두 가지만 말해줘도 된다.

– 프랭클린 P. 존스

독일 국가 정보

공식 명칭 독일 연방공화국

수도 베를린

국기 위에서부터 검정, 빨강, 노랑으로 구성된 삼색기

국가 다스 도이칠란트 리트Das Deutschland-Lied(독일의 노래). 요제프 하이든의 곡에 아우구스트 하인리히 호프만 폰 팔러슬레벤August Heinrich Hoffmann von Fallersleben이 가사를 붙임.

시간대 중앙유럽에 위치해 가을과 겨울에는 그리니치 표준시보다 1시간 빠르다. 3월 마지막 일요일부터 섬머 타임을 적용해 시계를 한 시간 앞으로 당겨놓고, 9월 마지막 일요일에 시간을 원래대로 1시간 뒤로 돌린다. 한국의 -7시간.

국제전화 국가번호 49

면적 중앙유럽에 위치하며 9개 나라와 국경을 맞대고 있다. 최북단이 발트 해와 북해에 접해 있고 해안선의 길이는 총 2389km, 국토 총 면적은 35만 7022㎢이다.

위치 동경 9° 00', 북위 51° 00'.

기후 온대성 기후와 해양성 기후가 섞여 있다. 겨울에는 춥고 습하며 여름에는 덥고 습하다. 때때로 알프스산맥을 넘어 부는 건조한 열풍인 푄Fön이 나타나기도 한다.

인구 2014년 통계로 82,652,256명

민족 구성 독일 민족이 91.5퍼센트이고 터키인, 그리스인, 이탈리아인, 폴란드인, 크로아티아인, 세르비아인 등 여러 민족이 있다.

주요 종교 개신교(루터교가 많음), 로마 가톨릭

언어와 방언 독일어에 바이에른 방언과, 슈바벤 방언, 저지 방언 등 다양한 방언이 있다.

정부 독일은 만 18세 이상의 모든 시민에게 선거권을 주는 민주공화국이다. 18세 이상 국민은 독일 연방의회 하원 분데스타크Bundestag의 의원을 비롯해 대부분의 공무원을 선출한다.
분데스타크는 모든 법률을 제정하고 외교 정책을 수립, 집행할 책임이 있다. 의원 수는 630명이다. 연방 대통령이 추천하고 분데스타크에서 과반수 찬성을 얻으면 분데스칸츨러Bundeskanzler, 즉 연방 수상이 된다. 2005년 첫 여성 총리로 앙겔라 메르켈이 선출되어 '분데스칸츨러린Bundeskanzlerin(여수상)'이라는 신조어가 생겨났다.
분데스타크와 함께 독일 연방의회를 구성하는 상원 분데스트라트Bundestrat는 랜트타크Landtag(주의회)에서 임명하는 대표들로 구성된다. 대체로 분데스타크의 거의 모든 입법 행위, 특히 각 주에 직접 영향을 미치는 법률 제정에는 분데스트라트의 지지가 요구된다. 각 주에 입법 책임이 있는 사안(즉 교육과 치안 등)에 대해서 분데스트

베를린에 있는 독일 연방의회 의사당.
건물 뒤편에 건축적으로도 멋진 전망대가 있어서 관광객들이 필수로 찾는다.

연방의회 의사당 뒤편에 있는 유리 돔 건축물. 베를린 시내를 360도 조망할 수 있는 곳이다.

라트는 거부권을 행사할 수 있다.

독일 연방 대통령 독일의 연방 대통령은 의례상의 직위로 권력보다는 상징적 의미를 갖는다. 여기에는 대통령에게 과도한 재량권을 부여해 의회를 해산시키고 총리를 임명할 수 있게 했던 바이마르 공화국의 실수를(특히 마지막 바이마르 대통령이 아돌프 히틀러를 공화국의 구원자로 잘못 선택한 점을 고려해서) 서독 헌법 입안자들이 반복하지 않으려는 우려가 반영되어 있다. 따라서 연방 대통령의 권한은 바이마르 공화국 대통령과는 거리가 멀지만 국가 대표로서의 상징성은 상당히 크다. 일반 투표가 아닌 연방의회 의원들에 의해 선출된다.

사법 체계 사법부는 다른 정치권력으로부터 독립성이 보장되어 있다. 재판관들은 정치 노선에 따라 자리에 영향을 받지 않으므로 정치 성향이 거의 바뀌지 않는다. 독일의 최고재판소는 바덴뷔르템베르크 주의 카를스루에에 위치하며 16명의 재판관으로 구성된다. 여기서는 주로 의회를 통과한 법률의 합헌성을 검토하거나 다양한 헌법 해석의 여지가 있는 까다로운 사건들을 다룬다.

통화 유로(€)

국내 총생산(GDP) 3852조 달러(2014년 추산)

산업 철, 강철, 석탄, 시멘트, 화학 약품, 기계, 자동차, 전동 공구, 전자 장치, 조선, 식품과 음료, 직물 생산 분야에서 최고의 기술력을 보유하고 있다.

콘라트 아데나워Konrad Adenauer

종전 후 최초의 독일 총리이자 서독 민주주의의 기초를 확립한 인물이다. 재능과 진실함으로 국제 세계에서 독일의 위상을 회복하는 데 중요한 역할을 했다.

보리스 베커Boris Becker

독일 스포츠계의 전설로, 1980년대 중반 십대 때 윔블던 테니스 대회에서 최연소 우승을 차지했다. 그 뒤로도 2년 연속 윔블던 선수권을 더 획득했고, 여러 차례 세계 대회 결승전에 올랐다. 최근에는 지저분한 이혼과 탈세 혐의로 다른 의미의 코트court, 즉 법정에서 언론에 이름을 남겼다.

교황 베네딕토 16세Benedictus XVI

바이에른 태생으로 본명은 요제프 라칭거Josef Ratzinger이다. 2005년 4월 거의 500년 만에 독일인 출신 교황으로 선출되었다. 극단적 보수주의자로 알려졌으며, 추기경이었을 때 자유주의적인 독일 가톨릭을 많이 비판했다. 아무튼 교황 시절 모든 신앙인에게 다가가겠다고 약속했고, 고향인 바이에른 주에서는 확실히 영웅으로 여겨진다.

요제프 보이스Joseph Beuys

종말론적 정치관과 사회관을 드러내는 작품들로 유명한 전위 예술가이다. 조각 낸 금속, 옷감, 막대기, 기름 덩어리와 같이 독특한 소재를 사용한 작품들 덕에 세계적인 관심을 받았다.

하인리히 뵐Heinrich Böll

나치 정권 이후 독일 출신으로는 처음으로 1972년 노벨 문학상을 수상했다. 수많은 소설과 에세이, 단편들이 주로 나치 시대와 종전 후 나치의 유산을 다루었다.

빌리 브란트 Willi Brandt

독일의 전후 역사에서 가장 힘든 시기에 정치적, 도덕적으로 우뚝 선 인물이다. 1957년부터 1960년대 초반까지 서베를린의 시장이었고, 1966~69년 외무장관을 역임했으며, 이어서 전후 독일의 첫 사회민주당 출신 총리가 되었다. 동구권 국가들과 관계를 맺기 시작했고, 폴란드 바르샤바에 있는 유대인 거주 지역 기념비 앞에서 무릎을 꿇고 참회해 수백만 사람들에게 감동을 주었다.

자비네 크리스티안센 Sabine Christiansen

크리스티안센은 루프트한자 항공사 승무원이었다가 1980년대 중반 방송국에 들어가 10년 동안 독일에서 가장 인정받고 시청률이 높은 저녁 뉴스의 앵커로 일했다. 1997년에는 자신의 이름을 내건 저녁 토크쇼를 진행했다. 이 토크쇼는 독일인의 필수 시청 프로그램이 되어 다음날 회사 사무실의 주요 화제에 올랐고, 중요한 정치적 이슈들을 대중의 입맛에 맞게 전해주는 주간 포럼이라는 칭찬을 받았다.

요슈카 피셔 Joschka Fischer

독일 외무부 장관이자 녹색당의 주요 인물로서 독일 정치계의 리더 중 한 명이었다. 고등학교 중퇴자였던 요슈카는 1980년대 녹색당을 정치의 주류로 편입시키는 데 큰 몫을 했다. 의회 각료의 구성원으로서 스니커즈를 신고 선서한 최초의 인물이기도 했다.

1990년대 그는 녹색당 의원으로서 처음으로 독일 정부에서 두 번째로 중요한 부처인 외무부 장관이 되었다. 국제 중재인과 외교관으로서의 노력과 성공으로 세계무대에서 그의 위상은 물론 그가 속한 당의 득표율이 올라갔다. 2002년 선거에서 독일사회민주당과 녹색당의 연정을 주도했다.

토마스 고트샬크 Thomas Gottschalk

영화배우이자 텔레비전 쇼 진행자로 독일 텔레비전의 터줏대감이라 할 수 있다. 인기 라이브쇼 〈베텐 다스Wetten dass……?〉(내기할까요?)와 자신의 이름을 건 4개의 토크쇼를 진행하면서 독일 전 연령층의 사랑을 받고 있다.

슈테피 그라프 Steffi Graf

1980년대 초부터 1999년 은퇴할 때까지 활동했던 세계 최고의 여자 테니스 선수이다. 그동안 최소 네 번의 큰 시합을 치르며 377주 동안 세계 랭킹 1위를 지킨 바 있다. 현역에서 은퇴했지만 역시 테니스 선수인 남편 안드레 애거시와 함께 여전히 테니스를 사랑하고 지내며, 두 자녀가 있다.

미하엘 슈마허 Michael Schumacher

독일의 유명한 카레이서이자 세계적인 스포츠 영웅이다. 1989년 독일 챔피언십을 시작으로 포뮬러 원F1을 비롯한 여러 국제 대회에서 최고 기록을 세우며 우승을 차지했다. 2006년 은퇴할 때까지 8승을 더해 F1 사상 최다 우승 기록을 보유했다. 자동차와 관련된 텔레비전 광고에도 많이 출연했다.

귄터 그라스 Günter Grass

하인리히 뵐과 함께 독일의 유명한 전후 작가이다. 뵐과 마찬가지로 그라스도 글쓰기와 함께 사회, 정치 참여로 고향에서 주요 인사가 되었다. 글의 주제 역시 두 작가가 비슷하다. 그라스의 대표작《양철북The tin drum》은 후에 영화로 제작되었고, 1980년 오스카상을 수상했다. 2000년에는 노벨문학상을 수상했다.

안젤름 키퍼 Anselm Kiefer

요제프 보이스 이후 최고의 독일 예술가라는 평을 받는다. 주로 거대한 건축물을 설계하는 것으로 유명한데 납과 모래, 꽃잎, 재, 갖가지 뿌리를 주재료로 써서 주목을 받았다. 또한 고대 이집트와 히브리 역사 등 다양한 원천을 소재로 삼았다.

헬무트 콜 Helmut Kohl

1982~90년 서독 총리, 그 이후 1998년까지 통일 독일의 총리였고, 여전히 전후 독일 정치에 큰 영향력을 끼치고 있다. 독일의 통일 시기를 잘 포착한 능력 덕에 '통일 총리'로 알려졌다. 그러나 정치적 흐름의 많은 사인을 읽지 못해 1998년 총선에서 그와 그의 당이 굴

욕적으로 패배했다. 이어 잇따라 터진 비자금 스캔들로 검찰 조사를 받고 '영원한 총리'라는 명성에 더욱 흠이 갔다.

게르하르트 슈뢰더 Gerhard Schröder

1998년 총리로 선출된 그는 헬무트 슈미트가 총리직에서 물러난 1982년 이후 최초의 사회민주주의 노선을 표방했다. 1986년 주요 공업 지대인 니더작센의 주의회 원내의장, 1990년 주 총리를 거치면서 온건파의 지도자로 성장했다. 국제무대에서는 그를 구식 사회주의와 잔인한 선진 자본주의 사이에서 '제3의 길'의 추구하는 주요 리더로 묘사했다. 1998년부터 7년간 총리직을 수행한 후 2005년 11월에 물러났다.

앙겔라 메르켈 Angela Merkel

독일 정치계에서 최고의 자리를 차지한 여성으로, 중도우파 정당인 독일기독교민주연합CDU의 당수이자 독일의 첫 여성 총리이다.

서독 함부르크에서 태어나 어릴 때 동독으로 이주해 거기서 자랐고 물리학과 화학을 전공했다. 1990년 동독의 첫 민주적 의회를 위해 선거에 나섰고, 새 정부에서 중요한 자리를 맡았다. 이후 독일기독교민주연합에 가입하고, 통일 후 확장된 새 독일 의회에서 중요한 직위를 맡았으며, 마침내 2005년 11월 독일의 첫 여성 총리로 당선되었다.

대화 주제

독일어 철자법

2005년 8월부터 시행된 개정 독일어 철자법(Rechtsschreibung, 레히츠슈라이붕)이 여전히 많은 논란을 낳고 있다.

1990년대 중반 독일 각 주의 문화 담당 장관들은 독일어 철자가 지나치게 복잡하다고 결론을 내리고 학생들이 쉽게 쓸 수 있도록 철자법을 단순화하기로 결정했다. 그러나 많은 사람이 이는 '언어를 단순화하는' 부당한 예라고 비판하며 개정 철자법이 기존 철자법보다 훨씬 까다롭고 혼란스럽다고 주장했다.

반대 여론이 꽤 심했다. 2002년 8월에 실시한 한 여론조사에 따르면 독일 시민 56퍼센트가 철자법 개정에 반대하고 단 2퍼센트만이 긍정적으로 받아들였다. 반대파에는 기존 철자법대로 작품 활동을 계속하겠다고 선언한 노벨상 수상 작가 귄터 그라스를 비롯해 많은 젊은 작가들이 포함되었다. 독일에서 가장 저명한 일간지라고 할 수 있는 〈프랑크푸르트 알게마이네〉는 2000년 8월 개혁 철자법을 시험해 본 결과 옛 방식을 고수하겠다고 발표했다. 또한 언어학자 테오도어 이클러Theodor Ickler는 중국의 한자 개혁도 일부를 포기하고 옛 방식으로 회귀한 바 있다고 지적했다.

그럼에도 독일 대법원이 철자법 개정 반대 의견를 모두 기각해 2005년부터 개정 독일어 철자법을 시행하게 되었다.

패션

종전 후 10여 년간은 독일인과 패션이 어울린다는 말을 하면 농담일 가능성이 컸다. 그러나 독일의 기술과 경제가 급속히 성장하면서 패션 산업도 세계의 관심을 끌기 시작했다. 1980년대에 휴고 보스와 볼프강 욥, 칼 라거펠트, 질 샌더와 같은 디자이너들이 이끄는 새로운 패션 동향이 굉장한 붐을 일으키며 세계 패션 무대를 강타해 독일 자존심을 추켜세웠다. 여기에는 라거펠트의 패션쇼 무대에 단골로 올랐던 수퍼모델 클라우디아 쉬퍼도 포함된다.

축구 강국

독일 축구의 비밀을 다 섭렵하기에는 시간이 좀 걸리겠지만 최소한 독일이 월드컵에서 네 번 우승컵을 탄 얘기를 꺼내면 틀림없이 동료들에게 깊은 인상을 남길 것이다. 첫 번째는 1954년 스위스 월드컵에서 강팀 헝가리를 누르고 이른바 '베를린의 기적'을 일구었다. 그리고 정확히 20년 뒤 홈에서 열린 서독 월드컵에서 네덜란드를 꺾고 두 번째 우승을 차지했다. 이때 프란츠 베켄바워의 공이 컸다. 또한 1990년에는 베켄바워가 독일 팀 감독을 맡은 이탈리아 월드컵에서 다시 한 번 우승컵을 거머쥐었다. 마지막으로 가장 최근에 열렸던 2014년 브라질 월드컵에서 아르헨티나를 꺾고 네 번째 우승컵을 받았다. 이는 역대 통산 기록에서 총 5회 우승한 브라질에 이어 두 번째 성적이다. 이탈리아도 독일과 마찬가지로 통산 4회 우승을 했지만 독일이 준우승 4회로 이탈리아(준우승 2회)보다 앞선다.

슈타지

슈타지Stasi는 옛 동독에서 활동했던 비밀경찰(Staats Sicherheits Polizei)의 줄임말이다. 국민의 일거수일투족을 감시하며 동독 체제를 지키는 역할을 해 당시에도 혐오의 대상으로 악명 높았다. 동독을 넘어 동구권, 또는 세계 구석구석에까지 끼친 영향력 때문에 그 존재가 사라진 뒤에도 한동안 뉴스거리가 되고 있다.

문 · 화 · 퀴 · 즈
CULTURE QUIZ

CASE 1

당신의 생일이고, 사무실에서 생일을 축하한다는 말을 들었다. 당신은 어떻게 응대할 것인가?

A. 아무 일 없는 것처럼 행동한다. 무슨 뜻인지 모르겠다는 표정을 짓는다.

B. 단번에 대답하고 케이크나 롤빵, 청량음료 또는 젝트 한 병을 준비한다. 사무실의 모든 사람에게 음식이 돌아갈 수 있게 충분히 준비한다.

C. 모든 사람에게 웃으면서 당신의 고향에서는 생일을 맞은 사람이 대접을 받으므로 자신은 아무것도 대접할 수 없다고 설명한다.

D. 사무실 동료 모두를 그날 저녁식사나 술자리에 초대한다.

조언 b가 가장 좋다. 누군가 당신의 생일을 알아낼 것이니 생일에는 적당한 음식을 준비해서 출근하라. d와 같이 하려면 돈이 엄청 든다. 또한 독일인이라면 퇴근 후 바로 집으로 가기를 원할 테니 모두가 좋아하지도 않을 것이다. a와 같이 하면 혼란과 불신을 주기 때문에 여기서는 가장 안 좋은 선택이다. c 역시 독일에서 외국인으로 살 때 최악의 행동이다.

◎ CASE 2

점심 때 중간 가격대의 유명한 식당에 갔거나 늦은 오후에 커피숍에 들어갔다. 모든 테이블에 손님이 앉아있고 빈 의자만 몇 개 보인다. 이때 당신은 어떻게 행동해야 할까?

A. 종업원이 다가오거나 빈 테이블이 생길 때까지 기다린다.

B. 빈 의자에 가서 조용히 앉는다. 같은 테이블에 앉은 다른 사람들은 무시하고 신경 쓰지 않는다.

C. 빈 의자가 있는 테이블에 가서 자리가 비었는지 물은 뒤, 빈자리라면 앉아서 예의를 지킨다. 다른 사람이 먼저 말을 걸기 전에 그들의 대화에 끼어들지 않는다.

D. 밖으로 나와서 빈 테이블이 있는 다른 식당이나 카페로 간다.

조언 d가 가장 쉬운 방법일 수 있지만 최선은 아니다. a처럼 하면 한참을 기다려야 한다. b처럼 행동하면 곤란하다. 이 상황에서 관심을 끌지 않고 조용히 자리에 앉기는 어렵다. 또한 독일인은 낯선 사람과는 말을 잘 섞지 않지만 그렇게 행동하면 매우 무례해 보인다. 가장 좋은 선택은 c이다.

CASE 3

아침에 일어났는데 몸이 아파서 가까운 병원에 갔다. 먼저 온 환자들이 여럿 기다리고 있었고 당신도 참을성 있게 기다렸다. 그런데 대기실에서 보니까 당신보다 늦게 온 환자들이 먼저 진료실에 들어간다. 이때 당신은 어떻게 해야 할까?

A. 접수대에 가서 항의한다.

B. 접수대에 가서 당신이 많이 아프니 지금 당장 진료를 받아야 한다고 재촉한다.

C. 이를 악물고 참는다. 그들은 미리 예약한 환자들이거나, 초기 치료를 받고 나와서 기다렸다가 다시 치료를 받으러 들어간 경우일 가능성이 크다.

D. 고통을 참을 수 있다면 그 병원을 나와 다른 의사를 찾아간다.

조언 c가 정답이다. b의 경우, 간호사든 의사든 재촉하는 모든 환자를 우선 치료해 줄 수는 없다. 매우 위급한 상태라면 병원에 들어가는 즉시 알리면 적합한 조치를 받을 것이다.

CASE 4

친구나 동료의 집에 저녁식사 초대를 받았다. 당신과 아내가 종교 또는 건강상의 이유로 돼지고기를 먹지 않는다는 사실을 알리지 않은 것이 그날 아침에야 떠올랐다. 이럴 때는 어떻게 해야 할까?

A. 개의치 않는다. 독일에서는 돼지고기를 가장 흔히 먹지만 친구는 당신이 어떤 종교를 갖고 있는지 알고 있으므로 분명 다른 재료로 요리했을 것이다.

B. 아무 말 하지 않고 그냥 돼지고기 요리가 나오지 않기만을 바란다. 만일 돼지고기가 나온다면 배가 고프지 않다고 둘러대며 어떤 음식도 먹지 않는다.

C. 친구에게 전화를 걸어 돼지고기를 먹지 못한다고 알린다. 나중에 모두를 당황스럽게 만들기보다는 늦게라도 알리는 게 낫다.

D. 갑자기 몸이 안 좋다고 둘러대며 초대에 응할 수 없다고 한다.

조언 정답은 c이다. 친구를 당황스럽게 할지언정 b보다는 낫다. d는 문제를 일으킬 수 있다. 언젠가 거짓말이 밝혀지면 상대와 관계가 나빠질 수도 있다. a는 독일인이 다른 문화나 종교에 대한 배경지식이 별로 없다는 사실을 모르고 하는 행동이다.

해야 할 것과 하지 말아야 할 것

DO'S AND DON'TS

Do ››››

- 같은 건물에 사는 이웃들과는 볼 때마다 인사한다. 이때 이름이 아닌 성을 붙여서 인사해야 하므로 이웃의 성을 기억해 둔다.
- 작은 가게에 들어갈 때는 "구텐 타크"나 "구텐 아벤트"라고 인사한다.
- 타인의 집에 초대받았을 때에는 작은 선물을 가져간다. 꽃, 와인 또는 당신 나라의 기념품이 적당하다.
- 초대를 받았다면 당신이 먹지 못하는 음식(특히 돼지고기)이나 음료를 미리 알린다.
- 이야기할 때 상대방의 눈을 본다.
- 악수는 힘 있게 한다.
- 대중교통을 이용할 때는 노약자에게 자리를 양보한다.
- 화장실을 사용하고 나온 뒤에는 문을 꼭 닫는다.
- 칭찬은 진심을 담아서 한다. 독일인은 진정성 있는 칭찬을 좋아하며, 거짓 칭찬을 하는 사람에게는 의심의 눈초리를 보낸다.

Don't »»»

- 밤 10시 이후에는 미리 약속하지 않은 이상 전화하지 않는다.
- 사전에 연락하지 않은 채 친구나 지인 집에 갑자기 들르면 안 된다(크리스마스 때 친척 집을 방문하는 것만이 유일하게 허용된다).
- 다른 사람의 차에 기대지 마라. 독일인은 자동차를 거의 신성시한다.
- 남의 집 앞을 어슬렁거리지 않는다. 그 집 주인이 당신이 나쁜 짓을 꾸미고 있다고 오해할 수 있다.
- 상대와 조금 친해졌다고 해서 당신이 먼저 '두'(너)라는 호칭을 쓰거나 성이 아닌 이름으로 부르면 안 된다.
- 목욕탕에서 나체인 사람에게 추파를 던지거나 접근하지 마라.
- 모르는 사람에게 너무 친근하게 대하지 마라. 그렇게 하면 당신이 뭔가를 얻어내려 한다고 생각할 것이다.
- 대중교통 안에서 음식을 먹거나 마시지 않는다. 그러면 교양 없는 사람으로 간주된다.
- 생일 선물은 생일 전에 주지 않는다. 만약 그날 줄 수 없다면 다음날에 주는 것이 좋다(독일에서는 생일 전에 선물을 주는 것은 불운을 부른다고 생각한다).

응급 상황과 건강

응급 전화

- 경찰 110
- 소방서 112
- 구급차 115
- 유독 물질 관련 (0761) 19-240

병원

독일에서는 환자가 병원을 선택할 수 있는 기회가 별로 없다. 위급 상황에는 우선 가장 가까운 병원으로 수송된다. 긴급 환자가 아니거나 선택적 치료를 위해 필요하다면 다른 병원으로 옮길 수 있는데, 이때도 처음 진료해 준 의사가 병원을 선택해서 보낸다. 물론 개인병원은 예외이다. 하지만 개인병원에서는 환자가 의료비를 전적으로 부담해야 하기 때문에 사보험에 들었거나 돈이 아주 많은 사람이 아니라면 권하지 않는다.

분실물 보관소

독일의 거의 모든 도시와 마을에 분실물 보관소가 있다. 전화번호부에서 'Fundbüro(푼트뷔로)'를 찾으면 지역의 분실물 보관소 전화번호를 알 수 있다. 보통 마을회관이나 정부 시설 내 또는 기차역이나 버스터미널 같은 대중교통 시설 내에 있다.

집과 가족

이사 서비스

지난 20여 년간 독일에서 대규모 이사 서비스 업체들이 급속히 등장하고 성장했다. 한두 명 단위의 컨설턴트에서부터 30명 이상의 직원을 거느린 대규모 회사에 이르기까지 다양한 규모의 이사 서비스 업체가 있으므로 독일에 정착하거나 고국으로 돌아갈 때 도움을 받으면 좋다. 이들은 가구를 어디에서 사는지, 집 페인트칠을 어떻게 해야 하는지와 같은 실제적인 문제에 대해서도 폭넓게 조언해 준다.
또한 독일에 온 지 얼마 안 되는 사람들이 관료적 형식주의에 어떻게 대응해야 하는지도 알려 준다. 어떤 회사는 직접 관공서에 가서 필요한 서류를 갖다 주고 당신이 집에서 서류의 항목을 채워 넣는 것을 도와주기도 한다. 당신이 직접 공무원을 대면

해야 하는 경우만 제외하고 모든 절차를 대신 처리해 줄 수 있다.

호텔

어느 마을에나 다양한 가격대의 호텔이 많이 있다. 숙소를 예약하지 않은 채 독일에 왔다고 해도 당황할 필요가 없다. 대부분의 도시 중앙역에 있는 호텔 예약 안내소에서 원하는 가격대의 호텔과 빈 방이 있는지 확인해 준다. 그러나 무역박람회 등 큰 행사가 있는 기간에는 서비스 이용객이 많으므로 호텔을 미리 예약하고 가는 것이 좋다.

서점

독일인은 스스로 '문화 민족'이라고 말하기를 좋아하는데, 서점의 수와 규모로 볼 때 이런 호칭은 유효한 듯하다. 유명한 서점 목록을 간단히 소개한다.

베를린

- **Kiepert:** Ernst-Reuter Platz 근처에 위치. 지도와 고서, 예술 서적, 문고판 등 독일어 서적과 영어를 포함한 많은 외국어 서적을 다량 보유하고 있다.

쾰른

- **Buchhandlung Walther Koenig:** Breite Strasse 93에 위치. 두 개의 서점이 붙어 있고 각각의 서점에 영어책을 다수 보유하고 있다. 한 곳은 중고 책과 재고품을, 다른 곳은 새 책을 판다.

프랑크푸르트암마인

- **British Bookshop:** Börsenstrasse 17, 증권거래소 근처에 위치. 친절하고 정보통인 직원이 있고 다량의 책을 보유하고 있다. 영어로 된 책도 많다. 한편 영어권 구인공고판도 있다.
- **Hugendubel:** Steinweg 12, Hauptwache 건물 바로 옆. 프랑크푸르트에서 가장 큰 서점으로 한 층 전체가 외국어 책을 판매하는데, 그중 다수가 영어 책이다.
- **Sussman's:** Zeil 127, An der Katherinenkirche 위치. 외국어 책과 신문, 정기간행물을 전문으로 하는 작지만 쾌적한 서점이다. 박식한 직원도 매우 도움이 된다.
- **Die Wendeltreppe:** Brückenstrasse 34, Sachsenahusen 위치. 탐정과 미스터리 문학 전문 서점이다. 독일어 책이 대부분이지만 영어판 전집도 깔끔하게 정리되어 있다.

함부르크

- **Frensche International:** Landsbank Galerie, GerhartHauptpmann-Platz 위치. 외국어 전문 서점이다.

- **Thalia Buchhaus:** 중앙역 근처 Spitalstrasse와 융페른스티크 역 근처 Grosse Bleichen 두 곳에 있다. 영어로 된 견본 책자가 많이 구비된 넓은 일반 서점이다.

뮌헨

- **Fremde Welten:** Müllerstrasse 43 위치. 수익으로 저개발 국가를 돕는 비영리적 서점이다. 독일어 책과 외국어 책들이 구비되어 있다.
- **International Bookshop:** 선별된 외국어 서적들이 구비되어 있다.
- **Hugendubel:** 뮌헨에 최소 5곳의 매장을 가진 체인 서점이다. 영어 및 다른 외국어 책을 가장 많이 보유한 체인점은 Marienplatz 22에 위치한 매장이다. 최근 개장한 Karlpatz 매장은 상당히 넓고 쾌적한 카페도 운영한다.

역주

1) 2차 세계대전 당시 연합군 포로수용소를 배경으로 한 1960년대 미국 드라마.
2) 독일 남부의 역사적인 지역명. 독일어로는 슈바벤, 영어로는 스와비아Swabia라고 부른다. 영역은 명확하지 않고 시대에 따라 변화가 있으나 대체로 현재의 바덴뷔르템베르크 주 남부와 바이에른 주 서남부 일대를 포함한다.
3) 독일 동북부, 발트 해 기슭에 있던 지방. 영어로는 프러시아Prussia라고 부른다. 1701년에 프로이센 왕국이 세워져 독일 제국의 중심을 이루었으나 제2차 세계대전 후 소련 및 폴란드에 점령되어 이름도 없어졌다.
4) 신성 로마 제국을 제1제국이라 하고, 1871년부터 1918년까지 존속했던 독일 제국을 제2제국이라 한다. 이 시기에 독일 지역에서 근대 국민 국가를 탄생시킴으로써 현대 독일의 모태가 되었다. 프로이센 왕국의 독일 통일로 성립되어 19세기 말 대표적인 강대국이었으나, 제1차 세계대전 패전으로 제정이 붕괴하고 공화국으로 바뀌었다.
5) 1919년에 설립된 독일 공화국으로, 히틀러의 나치 정권이 제3제국을 수립하면서 자연히 소멸된다.
6) 제2차 세계대전 이후 미국과 소련을 중심으로 한 자본주의와 공산주의의 경제 · 외교 · 정보 따위를 수단으로 한 국제적 대립을 뜻하며, 1990년 소련의 해체와 사회주의권의 몰락으로 양 진영 사이의 냉전 상태는 사실상 종결되었다.
7) 길이와 너비 따위는 미터를, 부피는 리터를, 무게는 킬로그램을 기본 단위로 하는 십진법을 사용한 도량형법.
8) 루돌프 슈타이너가 자신의 사상을 가리켜 사용한 용어이다. 지각적 체험과는 관계없는 일종의 사고를 배양함으로써 인지적 상상, 영감적 고취, 직관의 능력들을 계발하는 것을 목표로 한다.
9) 고기를 납작하게 썰거나 다진 뒤 빵가루를 묻혀 기름에 튀긴 요리.
10) 지중해산 관목의 작은 꽃봉오리를 식초에 절인 것.
11) 곡식, 견과류, 말린 과일 등을 섞어 우유에 타 먹는 것.
12) 필리핀 전통 음식으로 기름에 튀긴 막대 모양의 만두.
13) 병아리콩을 으깨 만든 작은 경단을 납작한 빵과 함께 먹는 중동 지방 음식.
14) 필젠은 과거 독일의 전통적인 맥주 제조 도시였으나 지금은 체코에 속한다.
15) 이 지역에서 난 와인 이름을 줄여서 '모젤 와인'이라고 부른다.
16) 계획경제에 반대하고, 생산 · 소비 · 직업선택 등에 관해서는 완전한 자유경쟁을 보장하지만 국가가 경제 · 사회 정책을 통해 사회적 질서를 유지하는 데 책임을 지는 경제제도.
17) 역사, 습관, 언어 등 구성원 간에 서로 공유하고 있는 맥락의 비율이 낮아 개인주의와 다양성이 돋보이는 문화를 뜻한다. 일반적으로 동양은 고맥락 문화권, 서양은 저맥락 문화권으로 분류한다.

세계를 읽다
독일

초판 1쇄 발행 2016년 7월 10일
4쇄 발행 2020년 11월 20일

지은이 리처드 로드
펴낸이 박희선

옮긴이 박선주
디자인 디자인 잔
사진 Shutterstock

발행처 도서출판 가지
등록번호 제25100-2013-000094호
주소 서울 서대문구 거북골로 154, 103-1001
전화 070-8959-1513
팩스 070-4332-1513
전자우편 kindsbook@naver.com

ISBN 979-11-86440-06-3 (04900)
979-11-952016-5-5 (세트)

이 도서의 국립중앙도서관 출판예정도서목록(CIP)은 서지정보유통지원시스템 홈페이지(http://seoji.nl.go.kr)와 국가자료공동목록시스템(http://www.nl.go.kr/kolisnet)에서 이용하실 수 있습니다.(CIP제어번호: CIP2016015147)